AF197261

Friedrich Vermeer

Das Gesetz des gesunden Lebens

2. Auflage 2019
Copyright © 2019

Umschlaggestaltung: Friedrich Vermeer

Copyright an den Bildern: Lal Baba / Christoph Schediwy / www.planetbabaji.com

Verlag:
tredition GmbH
Halenreie 40-44
22359 Hamburg

ISBN: 978-3-7482-5235-1 (Paperback)
ISBN: 978-3-7482-5236-8 (Hardcover)
ISBN: 978-3-7482-5237-5 (e-Book)

Bibliografische Information der Deutschen Nationalbibliothek:
Die Deutsche Nationalbibliothek verzeichnet diese Publikation in der Deutschen Nationalbibliografie; detaillierte Bibliografische Daten sind im Internet über http://dnb.d-nb.de abrufbar.

Das Gesetz des gesunden Lebens

oder

eine Anregung für Vegetarier, Veganer und Rohköstler und alle, die Fisch und Fleisch verzehren

von

Friedrich Vermeer

„… Und Jesus setzte sich in ihre Mitte und sagte: „Wahrlich, ich sage euch, niemand kann glücklich sein, außer er hält das Gesetz"….

"Sucht das Gesetz nicht in euren heiligen Schriften; denn das Leben ist das Gesetz, die Schrift jedoch ist tot. Wahrlich, ich sage euch, Moses empfing seine Gesetze von Gott nicht schriftlich, sondern durch das lebende Wort. Das Gesetz ist lebendiges Wort des lebendigen Gottes an lebendige Propheten für lebendige Menschen. In allem, was da lebt, steht das Gesetz geschrieben. Ihr findet es im Gras, im Baum, im Fluss, in den Bergen, in den Vögeln des Himmels, in den Fischen des Meeres; doch vor allem sucht es in euch selber. Denn wahrlich, ich sage euch, alles, was lebt, ist näher bei Gott als die Schrift, die ohne Leben ist. Gott schuf das Leben und alles, was da lebt, damit sie durch das ewig lebendige Wort dem Menschen die Gesetze der wahrhaften Gottheit lehren. Gott schrieb die Gesetze nicht in die Seiten der Bücher, sondern in euer Herz und in euren Geist. Sie sind in eurem Atem, eurem Blut, euren Knochen, in eurem Fleisch, euren Eingeweiden, euren Augen, euren Ohren, und in jedem winzigen Teilchen eures Leibes. Sie sind allgegenwärtig in der Luft, im Wasser, in der Erde, in den Pflanzen, in den Sonnenstrahlen, in den Tiefen und in den Höhen. Sie alle reden zu euch, damit ihr das Wort und den Willen der lebendigen Gottheit verstehet. Doch ihr schließt eure Augen, damit ihr nicht sehet, und ihr schließt eure Ohren, damit ihr nicht höret. Wahrlich, ich sage euch, die heilige Schrift ist Menschenwerk; doch das Leben und alle seine Heerscharen sind das Werk unseres Gottes. Warum hört ihr nicht auf die Worte Gottes, die in seinen Werken geschrieben stehen? Und warum studiert ihr die toten Schriften, die das Werk von Menschenhänden sind?... Je näher die Gebote bei Gott sind, desto weniger brauchen wir, und

je weiter sie von Gott entfernt sind, umso mehr brauchen wir. Deshalb gibt es unzählige Gesetze der Schreiber und Schriftgelehrten …" (Dr. Edmond Bordeaux Székely, Das Friedens-Evangelium der Essener: Schriften der Essener – Buch 1, 5. Auflage 2018, Seite 15 f.).

Hinweise und Haftungsausschluss

Dieses Buch möchte dazu anregen Ernährungsgewohnheiten zu überdenken.

Alle Anregungen gehen auf jahrelange praktische Erfahrungen des Autors zurück.

Jeder Leser ist dazu aufgefordert, die Anregungen des Autors zu hinterfragen und zu überprüfen, sei es durch die ergänzende Lektüre von Büchern und/oder Gespräche mit Haus- und Fachärzten.

Meine Empfehlungen ersetzen in keinem Fall medizinische Hilfe oder den persönlichen Kontakt mit einem Arzt, insbesondere dann nicht, wenn beim Leser schon Erkrankungen vorhanden sind oder wenn er sich in einer notfallähnlichen Situation befindet.

Wenn Sie meine Anregungen aus diesem Buch ohne ärztlichen Rat anwenden möchten, dann beschreiten Sie mit ihrer Selbstbehandlung den Pfad der Eigenverantwortung. Es ist das gute Recht eines jeden selbstbestimmten Menschen, seine Ernährung umzustellen, zu fasten oder sonstige Maßnahmen umzusetzen, von denen er sich gesundheitliche Vorteile verspricht.

Die Entscheidung, seine Ernährungsgewohnheiten und damit letztlich auch seine Lebensweise grundlegend zu ändern, birgt stets Gefahren und Risiken in sich, von daher muss sich jeder fragen, wie schnell und in welchem Umfange er seine Gewohnheiten verändern möchte, damit er die Grundlagen seiner neuen Ernährungsweise auch Schritt für Schritt erlernen, praktisch erproben und für seinen Körper und Geist auch gut verträglich umsetzen kann.

Niemand sollte vergessen, dass auch dann ein Risiko bestehen bleiben würde, wenn er die Entscheidung über seinen Ernährungsplan einem Dritten überlassen würde.

Dennoch wird bei Vorhandensein von bekannten Erkrankungen und unklaren gesundheitlichen Beschwerden von einer „Eigenbehandlung" dringend abgeraten.

Alle Anregungen und Informationen in diesem Buch stehen somit für persönliche Erfahrungen und Einsichten des Autors, zu denen er Entsprechungen in sehr alten und sehr neuen Schriften gefunden hat. Sie dienen somit ausschließlich der allgemeinen Information.

Alle hier dargelegten Erkenntnisse wurden durch eigene Erfahrungen des Autors verifiziert und nach bestem Wissen und Gewissen dargelegt.

Der Autor übernimmt somit keinerlei Gewähr für die Aktualität, Vollständigkeit, Korrektheit oder Qualität der von ihm bereitgestellten Informationen.

Haftungsansprüche gegen den Autor, den Herausgeber oder den Verlag, welche sich auf Schäden oder sonstige Nachteile jeglicher Art beziehen, die durch die Anwendung oder Nichtanwendung der hier veröffentlichten Informationen oder etwaiger fehlerhafter und / oder unvollständiger Informationen verursacht wurden, sind daher ausgeschlossen.

Der Autor haftet auch nicht für die Verweise auf Webseiten oder YouTube-Videos, deren Inhalt und Gestaltung außerhalb des Verantwortungsbereichs des Autors liegt, von deren Inhalt oder inhaltlichen Änderungen er keine Kenntnis hat und deren Nutzung er – soweit sie rechtswidrig sind - aus technischen oder sonstigen Gründen nicht verhindern kann.

I. Was zu diesem Buch geführt hat

Dieses Buch will der Frage nachgehen, die sich aus dem obigen Zitat aus dem Friedensevangelium der Essener ergibt: Was ist denn nun „das Gesetz", das der Mensch beachten sollte, wenn er sich gesund ernähren möchte?

Dieses Buch wendet sich an alle Menschen, nicht nur an die, die – auf welche Art und im Rahmen welcher Religion auch immer - an Gott glauben (möchten).

Auch wenn ich in diesem Buch auf das Friedensevangelium der Essener Bezug nehme, so können die Botschaften dieses Evangeliums auch den Menschen erreichen, der sich nicht mit religiösen oder esoterischen Texten befassen möchte, wenn er auf der Suche nach einer Ernährungslehre ist, die sein Wohlbefinden entscheidend verbessern kann.

Deshalb soll hier auch nicht die Frage vertieft werden, ob das Friedensevangelium der Essener „authentisch" ist oder nicht und in welcher Beziehung sein Inhalt zu den Evangelien des Neuen Testaments stehen mag. Solche Fragen sind schon von anderen Autoren vertieft behandelt worden, insbesondere auch von J.G.T. Joan in ihren 4 Bänden über „Das Geheimnis des wahren Evangeliums", die sich so spannend lesen wie ein historischer Kriminalroman und auch praktische Erfahrungen zu den Gesundheitslehren dieser Essener Schriften enthalten. Und ich persönlich finde, dass der Inhalt des Friedensevangeliums für sich selbst spricht.

Dieses Buch soll somit gerade keine religiös motivierte Kontroverse auslösen, sondern lediglich Anregungen für eine gesunde Ernährung enthalten, die ich aus meinen eigenen praktischen Erfahrungen ableiten kann.

Jeder von euch wird schon zu der Erkenntnis gelangt sein, dass es einen fundamentalen Zusammenhang zwischen der Ernährung und dem persönlichen Wohlbefinden gibt. Aus diesem Grunde wirst Du Dich auch für den Erwerb dieses Buchs entschieden haben.

So heißt es in einer alten, in Sanskrit verfassten medizinischen Schrift (Zitat): „Die Nahrung ist der vitale Atem aller Lebewesen. Ausstrahlung, Klarheit, eine gute Stimme, Langlebigkeit, Genialität, Glücksgefühl, Erfüllung, Kraft und Intellekt hängen alle von ihr ab." (Caraka Samhita, Sustrasthana, Kapitel 27, Vers. 349 – Fundstelle: Hans-Heinrich Rhyner / Kerstin Rosenberg: Das Große Ayurveda-Ernährungsbuch, Seite 11)."

Wer das alles schon hat, der mag die Lektüre jetzt abbrechen und sein Leben in vollen Zügen genießen.

Wer aber gesundheitliche Defizite spürt und hofft, dass sich das Sprichwort „(Nur) Der Gesunde kann alles tun", endlich auch an ihm und seiner Familie erfüllt, der schenke noch der Lektüre der nachfolgenden Zeilen seine Aufmerksamkeit. Es lohnt die Mühe, über diesen Zusammenhang von Ernährung und Gesundheit ein wenig vertiefter nachzudenken, vor allem dann, wenn sich der Aufwand in Grenzen hält und der Erkenntnisgewinn zu einem Leben in Gesundheit beitragen kann.

Dieses Buch die Quintessenz meiner mehr als 30jährigen persönlichen Suche.

Mit Mitte 23 – also vor ca. 25 Jahren - wurde ich Vegetarier, vor einigen Jahren dann Veganer, was letztlich nur den Verzicht auf Milchprodukte bedeutete. Keine Umstellung in der Ernährung hatte – bis dahin - so schnell so positive Effekte ausgelöst wie eben meine Umstellung auf die vegane Ernährung, insbesondere auch wegen meiner Laktose-Intoleranz. Gerade im Radsport machte sich innerhalb weniger Wochen eine erhebliche Steigerung der körperlichen Leistungsfähigkeit bemerkbar. Zudem besserte sich mein allgemeines Wohlbefinden auch sonst spürbar.

Ich glaubte, meine Suche nach der bestmöglichen Ernährungsform mit der Umstellung auf eine vegane Ernährung endlich abgeschlossen zu haben. Einige Jahre später sollte ich diese Überzeugung dann doch noch revidieren müssen.

Es gibt eben auch kein Säugetier auf Erden, dass im Erwachsenenalter noch Milchprodukte zu sich nimmt, vom Menschen einmal abgesehen. Jeder Veganer kann Vorträge dazu halten.
Aber wer ein wenig recherchiert, der stößt auf zahlreiche Veröffentlichungen und auch YouTube-Videos zu diesem Thema, die zum Nachdenken - und baldigen Handeln - veranlassen sollten.

Wer solchen Stellungnahmen gegen den Verzehr von Milchprodukten (noch) nicht folgen möchte, der mag kann ja auch nach dem Laktosegehalt der einzelnen Milchprodukte differenzieren und sich fortan für solche Produkte entscheiden, die nur einen geringen oder gar keinen Laktosegehalt mehr aufweisen, wie z.B. zahlreiche Weich- und Schnittkäsesorgen.

Webseiten wie „DEBInet" haben umfangreiche Listen mit dem Laktosegehalt verschiedener Milchprodukte veröffentlicht, siehe:

http://www.ernaehrung.de/tipps/laktoseintoleranz/lakto13.php

Wie Du, lieber Leser, Dich auch immer entscheiden wirst. Du wirst die Konsequenzen seiner Entscheidung letztlich tragen müssen und die Auswirkungen einer nicht gesunden Ernährung zu spüren bekommen, wenn nicht in der Jugend, so doch gewiss im Alter.

Von daher kann ich schon einmal jedem nur empfehlen, seine Ernährung zunächst einmal "probeweise" für 2 - 3 Monate auf eine vegetarische oder vegane oder sogar rohköstliche Ernährung umzustellen.
Ein solches Experiment dürfte für einen Menschen mit (noch) gesunder Konstitution regelmäßig mit keinerlei Risiken verbunden sein, kann aber sehr interessante Erkenntnisse vermitteln, die die gesamte weitere Lebensführung beeinflussen werden. Und wer sich bei einem solchen Prozess von einem aufgeklärten Arzt, der sich in solchen Ernährungsfragen auskennt, beraten lassen möchte, der mag dies tun.

Für mich persönlich ist das eigene Feedback des Körpers der wichtigste und letztlich auch einzig und allein maßgebende ärztliche Ratgeber, eben auch deshalb, weil ich meine Verantwortung für meine Gesundheit und mein Wohlbefinden nicht einfach an einen Arzt oder Ernährungsratgeber abgeben darf. Es geht um mein Leben, um meinen Körper. Also bin ich gerne bereit, damit zusammenhänge Fragen mit meinen Mitmenschen zu kommunizieren. Aber die letzte Entscheidung und Verantwortung liegt immer bei mir.

Wenn ich das Wissen erlangt habe, das eine Revision der Lebensführung geboten erscheinen lässt, dann habe ich als Mensch stets die Wahl, ob und wann ich dieses Wissen nutze.

Dieses Buch wurde geschrieben, damit Du, lieber Leser, das Spektrum Deiner Wahlmöglichkeiten noch ein wenig erweitern kannst und auf dieser Basis dann Deine Entscheidung treffen kannst, einfach weil ich glaube, dass in dieser Welt zu viele Blinde – wenn auch ggf. in bester Absicht - andere Blinde führen (wollen) und damit letztlich nur ins Elend (der Krankheit) treiben.

Für jede Ernährungsform gibt es im Web auf unzähligen Portalen und insbesondere auch auf YouTube kostenlose Rezepte und Anleitungen, und wer lieber zum Buch greift, der wird ebenfalls schnell fündig werden.

Einige von Euch werden sich vielleicht schon mit der ayurvedischen Medizin oder zumindest der ayurvedischen Ernährungslehre, zumindest in ihren Grundzügen, befasst haben und auch wissen, welche tiefgreifende Reinigungs- und Verjüngungswirkung eine ayurvedische Pancha-Karma-Kur hat.

In der Tat sollte jeder, insbesondere jeder, der über 40 Jahre ist, schon einmal eine (Fasten-)Kur zur Reinigung seines Körpers gemacht haben, um sich möglichst vieler Gifte zu entledigen, die er im Laufe seines Lebens - auch bei gesündester Lebensweise - unweigerlich aufgenommen hat. Denn diese giftigen Schlacken setzen sich gerne gerade auch in den Gelenken ab, und ich kenne Viele, die schon mit Anfang oder Mitte 40 ein neues Knie- oder Hüftgelenk erhalten haben, weil ihre Gelenke nur noch schmerzten.

Es mag irreversible Schäden an Gelenken geben, die einen solchen chirurgischen Eingriff schließlich erfordern mögen. Aber ich gehe – was hier nicht weiter vertieft werden kann – davon aus, dass viele dieser Operationen bei gesunder Ernährung vermeidbar gewesen wären, wenn man rechtzeitig über Fragen der Ernährung und über eine Umstellung der Ernährung nachgedacht hätte.

Diese Pancha-Karma-Kur ist übrigens im Grunde sehr einfach umzusetzen. Wer ein eigenes Bad hat und eine solche Kur schon einmal unter Anleitung eines Ayurvedaarztes absolviert hat, der könnte sie m.E. mit einem sehr geringen Kostenaufwand von ca. 50 € für ein wenig Hanf- oder Sesamöl und Butaris-Butter problemlos umsetzen. Auch war es ca. 15 Jahre lang meine feste Überzeugung, dass diese ayurvedische Pancha-Karma-Kur als Herzstück der gesamten ayurvedischen Medizin weltweit konkurrenzlos sein dürfte, eben bis zu dem Zeitpunkt, als ich auf Buch 1 des Friedensevangelium der Essener von Dr. Edmond Bordeaux Székely gestoßen bin und von der Möglichkeit der Entgiftung des Körpers durch eine 7-tätige Heilfastenkur erfuhr, die dem Fastenden in dieser Zeit lediglich die Aufnahme von Wasser gestattet und morgendliche Einläufe vorschreibt. Die Kosten dieser Kur gehen gegen Null, wenn man von der einmaligen Anschaffung eines langfristig nutzbaren Sets für Darmeinläufe absieht.

Wer sein Wissen über die ayurvedische Medizin vertiefen möchte, dem könnte ich die Bücher von Hans Heinrich Rhyner empfehlen. Diese Empfehlung könnte ich aussprechen, da ich in den Jahren von 2005 bis 2009 mit dem Menschen, dem ich dieses Buch gewidmet habe, zunächst in der größten europäischen Fachbibliothek für ostasiatische Literatur (Bibliothek des Zentrums für Ostasienwissenschaften der Uni Heidelberg) nach allen auffindbaren ayurvedischen Quellen in deutscher Sprache recherchiert habe, bevor ich dann der Frage nachgegangen bin, welche Bücher es im deutschsprachigen Buchhandel zur ayurvedischen Medizin gibt. Und zu jener Zeit waren die Bücher von Hans Heinrich Rhyner, insbesondere das „Das Neue Ayurveda Praxis Handbuch", nach meinem Eindruck nach Inhalt und Umfang die kompetenteste Quelle.

Die ayurvedische Ernährungslehre vernachlässigt m.E. aber den negativen Einfluss von Milchprodukten, gekochter Nahrung und gebackenem Brot, obschon diese Nahrungsmittel – wie ich nachfolgend aufzeigen werde – erhebliche negative Auswirkungen haben können. Von daher propagiere ich mittlerweile nicht mehr die ayurvedische Ernährungslehre und Entgiftungskur, auch wenn sie mir über Jahre hinweg – vor meiner Umstellung auf eine rohköstliche Ernährung – sehr geholfen hat.

Den letzten Anstoß zu diesem Buch gab schließlich eine Erfahrung, die für mich persönlich einen regelrechten Durchbruch bedeutet hat, und zu der mich mein Mentor inspiriert hat: die ausschließliche bzw. mindestens 80%ige Ernährung mit Rohkost, ergänzt durch die Zugabe von hochdosiertem Vitamin D3 und K2.

Die Kernbotschaft dieser Rohkosternährung lautet, dass die Erhitzung (fast) aller Speisen (beim täglichen Kochen und Backen) die Hauptursache für die Übersäuerung von Magen und Darm und damit auch die Hauptursache vieler – oder aller (?) - Krankheiten einschl. Krebs ist. Kochen ist nicht gesund, und das Backen bzw. der Verzehr von (gebackenem) Brot ist es auch nicht.

Dr. med. habil. Dr. Karl J. Probst (nachfolgend: Prof. Probst genannt) hebt in seinem äußerst verdienstvollen Buch „Warum nur die Natur uns heilen kann – Wissenschaftliche Fakten zur Entstehung von Krankheit und Gesundheit" immer wieder die grundlegende Erkenntnis hervor, dass eine Übersäuerung des Körpers als eine Hauptursache für Krankheit anzusehen ist, wobei (Zitat) „die Art der Krankheit durch die persönliche Schwachstelle eines jeden Individuums bestimmt wird."(Prof. Probst, ebenda, S. 160 ff).

Mit der Umstellung auf basisch wirkende Nahrung, wie sie die rohköstliche Ernährung darstellt, würden sich diese Erkrankungen und ihre Symptome folglich vermeiden oder - wenn schon ausgebrochen - sehr schnell lindern oder auch vollständig beseitigen lassen.

Ich war nicht krank, als ich meine Ernährung vor einigen Monaten meine Ernährung auf vegane Rohkost umgestellt habe, aber seit dem ausschließlichen Verzehr von Rohkost erlebe ich, dass ich mich seitdem wesentlich vitaler und leichter und letztlich auch so gesund fühle, dass ich mir eine Steigerung dieses Wohlbefindens gar nicht mehr vorstellen kann. In mir spüre ich die Gewissheit, dass ich nach einem Aufstieg, der bis zu meinem 48. Lebensjahr gedauert hat, endlich den Platz auf dem Berggipfel erreicht habe, auf dem ein Leben in vollkommener Gesundheit möglich ist.

Von daher empfehle ich allen, sich zum Einstieg auf die rohköstliche Ernährung auf eines der YouTube-Videos mit Karl J. Dr. med. habil. Dr. Probst einzulassen, in denen er sich insbesondere auch ausführlich zu den Vorzügen der Rohkost-Ernährung auslässt und dabei auch sein aktuelles Buch „Warum nur die Natur uns heilen kann: Wissenschaftliche Fakten zur Entstehung von Krankheit und Gesundheit" vorstellt, auf das ich naher noch zu sprechen komme, z.B. YouTube-Video mit dem Titel „Dr. Probst spricht Klartext: Heilung und Gesundheit ist ganz einfach".

Für die, die jetzt vielleicht glauben, dass ich damit für einen „Schulmediziner" werbe: Prof. Probst ist kein Vertreter des „Mainstreams" und Arzt, der mit dem Strom schwimmt. Er ist einer der Begründer der Rohkost-Bewegung in Deutschland, und er kritisiert ganz offen den „Mainstream" und die aus seiner Sicht nachweislich falschen Ernährungsempfehlungen z.B. der Deutschen Gesellschaft für Ernährung. Diese Mainstream-Informationen, die sich voll und ganz mit den Interessen großer Lebensmittelproduzenten zu entsprechen scheinen, bewirken - so sein fundiert begründeter Eindruck – letztlich nur noch Desinformation, gerade auch den so fundamental wichtigen Fragen der gesunden Ernährung.

Dabei sind alle Informationen bzw. Studien, auf die er sich in seinem vorgenannten Buch bezieht, für jedermann auf dem Portal "MEDLINE" kostenlos zugänglich (fundierte Kenntnisse in Englisch vorausgesetzt.

"MEDLINE (Medical Literature Analysis and Retrieval System Online) ist eine öffentlich zugängliche bibliografische Datenbank des US-amerikanischen National Center for Biotechnology Information (NCBI). In ihr werden Nachweise der internationalen Fachliteratur aus allen Bereichen der Medizin, einschließlich Zahn- und Veterinärmedizin, Psychologie und des öffentlichen Gesundheitswesens aufgeführt. Grundlage dafür sind rund 21 Millionen Artikel aus etwa 4.500 Zeitschriften.)."(Fundstelle: Wikipedia).

In seinem Buch verweist Prof. Probst auf unzählige Studien, die eindeutig belegen, dass der Zusammenhang zwischen bestimmten Formen der Ernährung (wie z.B. Rohkost) und Gesundheit und Gesundung längst hinreichend bekannt ist, aber noch viel zu oft verschwiegen oder sogar geleugnet wird.

Mit überzeugenden Argumenten führt er insbesondere aus, dass und warum bei den Grundnährstoffen und Energieträgern (Kohlenhydrate, Eiweiße und Fette) genau danach differenziert werden muss, wie sie sich auf den menschlichen Organismus auswirken.

Und er kritisiert nachdrücklich, dass insbesondere auch den schwer kranken Patienten allzu oft sogar die Information vorenthalten wird, dass schon die sofortige Umstellung auf eine überwiegende Rohkosternährung zu einer baldigen Linderung von Schmerzen und Linderung vieler Symptome beitragen kann.

Neben der Umstellung auf eine 80%ige Ernährung mit Rohkost bewirkte bei mir dann die Einnahme von hochdosiertem Vitamin D 3 – in Verbindung mit dem Vitamin K 2 - so etwas wie den absoluten Durchbruch.

Das „Sonnenvitamin" D 3 ist für den Menschen in den nördlichen Breitengraden unverzichtbar, eben weil die Menschen, die in Ländern leben, in denen die Sonne nicht so lange und intensiv strahlt wie in den Tropen und Subtropen, regelmäßig an einem starken Vitamin D-Mangel leiden. Und dieses Vitamin D 3 ist für unseren Organismus und ein gesundes Leben von essentieller Bedeutung.

Zur Vertiefung dieser Problematik kann ich nur "Gesund in sieben Tagen" von Dr. med. R. von Helden empfehlen, von dem es ebenfalls YouTube-Videos gibt.

Wenngleich ich kein Fernsehprogramm konsumiere, so gehe ich doch davon aus, dass Dr. von Helden - so wie Prof. Probst - seine Botschaft aktuell nur im Internet einer breiten Öffentlichkeit zugänglich machen kann, weil er von den Medien des Mainstreams (noch) nicht eingeladen werden wird, damit er seine Erkenntnisse der gesamten Öffentlichkeit zugänglich machen kann.

Wie Dr. von Helden aus seiner Praxiserfahrung berichten kann, führt Vitamin-D-Mangel zu Krämpfen, Zuckungen, Muskelschmerzen, Unruhe, Schlaf-störungen, Depressionen, Erschöpfung, Schwäche, Rücken- und Kopfschmerzen, Kältegefühl in Händen und Füßen sowie Kreis- und Durchblutungsstörungen, Bluthochdruck, Diabetes, Osteoporose, Autoimmun-erkrankungen, Multiple Sklerose, Krebs, Sodbrennen und einigen anderen Erkrankungserscheinungen.

Es lohnt sich also, einmal grundsätzlich und vertieft über seine Ernährung und die heilsamen Wirkungen einer rohköstlichen Ernährung und die Einnahme von hochdosiertem D3 in Verbindung mit K2 nachzudenken.

Ich hoffe, ich kann die Leser dieses Buchs schon mit dieser Einleitung dazu anregen. Mehr soll dieses Buch nicht bewirken.

Eine Verantwortung kann ich für meinen Willen, Leser zum Nachdenken zu inspirieren, natürlich nicht übernehmen, was ich der guten Ordnung halber anmerken möchte. Jeder, der wegen der Umstellung seiner Ernährung Bedenken hat, möge sich – wenn ihm die oben genannten Quellen nicht genügen - zunächst aus weiteren allgemein zugänglichen Quellen informieren und auch Rücksprache mit seinem Hausarzt halten. Die Entwicklung des Blutbildes sollte in jedem Falle beobachtet werden, so dass sich die Einholung eines Blutbildes vor und einige Monate nach der Umstellung der Ernährung in jedem Falle empfehlen wird.

Mit den vorgenannten Buchautoren stehe ich in keiner wie auch immer gearteten Verbindung. Wer (zunächst) kein Geld für Bücher ausgeben möchte, der schaue sich eben zunächst die YouTube-Videos dieser Ärzte (und die auch noch die nachfolgend genannten Videos aus anderer Produktion) an.
Dann mag er sich sein eigenes Urteil bilden, ob diese Männer wirklich einen – denkbar einfachen - Weg in ein gesundes Leben aufzeigen wollen.

Und wer bei seinen Recherchen zu solchen Ärzten und Autoren, die vom Mainstream abweichende alternative

Ernährungs- und Heilkonzepte vermitteln wollen, gar auf Schmähkritik stoßen sollte, der sollte wissen, dass solche Widerstände gegen „Reformer" nicht neu sind. Jeder Vegetarier, Veganer und Rohköstler wird auch selbst schon die Erfahrung gemacht haben, dass seine Ernährungsweise bei einigen Mitmenschen zuweilen starke Ablehnung auslösen kann.

So war z.B. schon vor einigen Jahrhunderten Paracelsus bei gewissen Apothekern und Ärzten höchst unbeliebt, weil die Menschen unter dem Einfluss seiner Behandlung massenhaft gesund wurden. Gesunde Menschen waren offenbar schon immer und überall schlecht für das Geschäft mit der Krankheit.

Zu diesem Aspekt im Leben und Wirken des Paracelsus findet sich bei Wikipedia der Eintrag:

„1527 hielt Paracelsus als Arzt in Basel und mit Berechtigung, an der medizinischen Fakultät zu lehren, erstmals Vorlesungen – entgegen damaligen Gepflogenheiten in deutscher Sprache statt Latein. Er öffnete seine Vorlesungen auch für die Allgemeinheit, denn: „Die Wahrheit müsse nur deutsch gelehrt werden" und „Nun ist hie mein Fürnemmen zu erkleren, was ein Arzt seyn soll, und das auff Teutsch, damit das in die gemein gebracht werde". Dieser Umstand und die während seiner Lehrzeit vorgebrachten heftigen Kritiken an der Ärzte- und Apothekerschaft resultierten in Schmähschriften gegen Paracelsus bis hin zu offen vorgebrachten Bedrohungen gegen Leib und Leben. Um zu zeigen, wie sehr Paracelsus gegen die rein theoretische Mediziner-Ausbildung der damaligen Zeit eingestellt war, verbrannte er in Basel öffentlich die Bücher von Galen und Avicenna.[12] Vor einem drohenden aussichtslosen

Gerichtsverfahren floh er im Februar 1528 in das Elsass...."

Mein Buch stellt im Grunde eine Ergänzung der hier genannten Bücher dar.

Meine Kritik an der ayurvedischen Ernährungslehre habe ich bereits oben umrissen.

Prof. Probst bezieht sich nicht auf die Ernährungslehre nach dem Friedensevangelium der Essener, obschon diese alte Weisheitslehre seine neuesten Forschungen bestätigt. Auch erwähnt er nicht die Vitamine D3/K2 und die Möglichkeiten, seinem Körper auch anderweitig als durch den Verzehr von Brotprodukten etc. hohe Belastungen im Sport etc. abverlangen zu können.

Dr. von Helden erwähnt nicht die Vorzüge der rohköstlichen Behandlung.

Und alle vorgenannten Autoren gehen nicht auf die Vorzüge des Heilfastens ein, obschon jahrzehntelange Forschungen diese Vorzüge nachdrücklich bestätigt haben und das Fasten nach den Lehren der Essener sogar den Ausgangspunkt und die Grundlage für ein Leben des Menschen im Einklang mit den göttlichen Gesetzen darstellt. Das war auch nicht ihr Thema.

Wer die Wahrheit in Büchern sucht, der mag viele Bücher gelesen haben, um endlich das Buch finden zu können, dass alle seine Fragen zu seiner vollen Zufriedenheit beantwortet.

Aber der Mensch braucht ggf. nur sehr wenige Bücher, wenn er am Ziel seiner Suche angekommen ist. Und wer für sich die Wahrheit erkannt hat, der braucht im

Grunde überhaupt keine Bücher mehr. Bücher könnten ihn nur noch in dem bestätigen was er schon weiß.

Daher kommt dieses Buch auch mit sehr wenigen Bezugsquellen aus, und das soll es auch, da niemand glauben soll, dass er noch dutzende Bücher studieren muss, damit er endlich alles weiß was er über eine gesunde Ernährungsweise wissen muss.

Denn ich glaube, dass ich – jedenfalls soweit es meine Suche nach einer „idealen" Ernährungslehre betrifft - am Ziel angekommen bin.

Es ist meine feste Überzeugung, dass das Leben in Wahrheit sehr einfach ist und dass der Mensch diese Erkenntnis auch realisieren kann, sobald er sich nur von allem unnötigen Ballast befreien kann. Es gibt sehr viel, was der Mensch nicht braucht um glücklich und gesund zu sein.

Das Schönste im Leben ist ohnehin kostenlos, und die besten Einsichten sind es in Wahrheit auch, auch wenn sie erst nach langer Suche und nach vielen Erfahrungen und Irrtümern erlangt werden mögen.

Und ich hoffe, Du wirst Dich an die Empfehlungen dieses Buches und der hier genannten Bücher erinnern, wenn Du ernsthaft krank werden solltest und dann gezwungen bist, auch über deine bisherige Ernährung nachzudenken.

Mit diesem Buch hoffe ich, meine Verpflichtung nachgekommen zu sein, die in den Schriften der Essener wie folgt formuliert wird:

„Und wenn wir einmal mit den Augen der Weisheit sehen und mit den Ohren des Verstehens die zeitlosen Wahrheiten der heiligen Schriftrollen verstehen, dann müssen wir uns unter die Menschen begeben und sie belehren, denn wenn wir das heilige Wissen eifersüchtig verbergen, vorgeben, es gehöre nur uns, dann sind wie einer, der eine Quelle hoch im Gebirge findet und anstatt sie in das Tal fließen zu lassen, um den Durst von Mensch und Tier zu stellen, sie unter Steinen und Dreck begräbt und sich dabei selbst des Wassers beraubt. Geht unter die Menschensöhne und berichtet ihnen vom heiligen Gesetz, auf dass sie sich selbst erretten und die himmlischen Reiche betreten können. Aber redet zu ihnen mit Worten, die sie verstehen können, in Gleichnissen aus der Natur, die zu Herzen sprechen, denn die Tat muss zuerst als Wunsch in dem erwachten Herzen sprechen."(Dr. Edmond Bordeaux Székely, Das geheime Evangelium der Essener, Schriften der Essener – Buch 4, S. 22).

II. Das Friedensevangelium der Essener

Der Text des Friedensevangeliums der Essern zählt für mich zu dem Weisesten, Tiefsten und Schönsten, was man in deutscher Sprache lesen kann.

Deshalb kann ich jedem Leser nur wärmstens die vier Taschenbücher von Dr. Edmond Bordeaux Székely ans Herz legen, in denen er die Schriften der Essener, die er in den 20er Jahren des 20. Jahrhunderts entdeckt hat, ans Herz legen, insbesondere Buch 1 mit dem Friedensevangelium der Essener und Buch 4 mit der Geschichte zur Entdeckung dieser Schriften durch ihn und verdienstvolle Heilige vor vielen Jahrhunderten.

Soweit nicht anders angegeben sind alle nachfolgenden Zitate diesem Buch 1 mit dem Friedensevangelium der Essener von Dr. Székely entnommen, so dass ich mich jeweils auf die Angabe der Seitenzahl(en) beschränken kann.

Es ist in höchstem Maße faszinierend, dass sich die zentralen Aussagen des Friedensevangelium der Essener zu den heilsamen Wirkungen einer rohköstlichen Ernährung und eines 7-tägigen Heilfastens, das lediglich das Trinken von Wasser vorsieht, voll und ganz mit den neueren und neuesten Ergebnissen wissenschaftlicher Forschung deckt, die von namhaften Wissenschaftlern aus Deutschland und Russland in den letzten Jahrzehnten betrieben und veröffentlicht worden sind.

Das maßgebende Buch von Prof. Probst zu den Vorzügen einer rohköstlichen Ernährungsweise habe ich bereits oben benannt.

Soweit es das Heilfasten betrifft, so mangelt es nicht an Büchern, die für diverse Formen des Heilfastens werben. Und jeder Arzt oder Ernährungsberater wird hierzu weiter Auskunft geben können. Zudem dürfte jeder zumindest einen Bekannten in seinem privaten Umfeld haben, der schon Erfahrungen mit einer Fastenkur oder gar mit verschiedenen Modellen einer Fastenkur gemacht hat und seine Erfahrungen gerne teilen wird.

Es gibt aber auch die ARTE-Produktion „Fasten und Heilen", die auf YouTube unter dem folgenden Link kostenlos abrufbar ist und einen sehr guten Einstieg bietet:

https://www.arte.tv/de/videos/043980-000-A/fasten-und-heilen/

Diese Dokumentation ist deshalb von so herausragendem Wert, weil sie davon berichtet, dass die heilsamen Wirkungen des Heilfastens in Russland schon seit den 50er Jahren systematisch erforscht und bei zahlreichen körperlichen und psychischen Beschwerden mit großem Erfolg angewendet worden sind.

Die riesigen Datenmangen, die in Russland auf Grund der jahrzehntelangen Erfahrungen mit Heilfastenkuren angefallen sind, sind – soweit bekannt – noch nicht dergestalt (populär-)wissenschaftlich aufgearbeitet worden, dass sie in Buchform veröffentlicht und auch außerhalb von Russland publiziert worden sind.

Dieser Umstand erstaunt, weil Mediziner in aller Welt das allergrößte Interesse daran haben müssen, ihren Patienten ein Heilverfahren in Aussicht zu stellen, dass gerade auch bei schweren und schwersten Erkrankungen – insbesondere Krebs – von allergrößtem Nutzen sein kann.

Ich habe dieses 7-tägige Heilfastenprogramm, das in dieser Zeit lediglich die Aufnahme von (nicht zu kaltem und nicht zu warmen) Wasser vorsieht, absolviert, ganz bewusst ohne jede ärztliche Rücksprache und Begleitung. Nicht deshalb, weil ich keinem Arzt vertrauen würde, sondern weil ich mich – erst Recht nach 6-monatiger rohköstlicher Ernährung - für so gesund gehalten habe, dass ich eine solche ärztliche „Aufsicht" nicht für notwendig gehalten habe.

Auf meine Erfahrungen werde ich nachfolgend eingehen.

Wie kann sich der Mensch nun also im Einklang mit den „göttlichen Gesetzen", die für eine gesunde Lebensweise maßgebend sind, ernähren?

Davon berichten die nachfolgenden Kapitel.

1.

Am Anfang stehen die Vorbereitung auf das Fasten und das Fasten

„Erneuert euch und fastet. Denn ich sage euch wirklich, dass der Satan und seine Plagen nur durch Fasten und Beten ausgetrieben werden können. Bleibt allein und fastet und zeigt euer Fasten keinem Menschen. Der lebendige Gott wird es sehen, und groß wird die Belohnung sein. Und fastet, bis Beelzebub und alle seine Übel euch verlassen und all die Engel eurer Erdenmutter kommen und euch dienen. Wahrlich, ich sage euch, wenn ihr nicht fastet, werdet ihr euch nie aus der Macht Satans befreien können und von allen Krankheiten, die Satan verursacht. Fastet und betet inbrünstig und sucht die Macht des lebendigen Gottes für eure Heilung. Meidet die Menschensöhne während des Fastens und sucht die Erdenmutter, denn der Suchende wird finden.

Sucht die frische Luft der Wälder und Felder, und dort in ihrer Mitte werdet ihr den Engel der Luft finden. Zieht eure Schuhe und Kleider aus und erlaubt dem Engel der Luft, euren ganzen Körper zu umarmen...

Nach dem Engel der Luft sucht den Engel des Wassers. Zieht eure Schuhe und Kleider aus und erlaubt dem Engel des Wassers, euch zu umarmen. Denkt nicht, dass es ausreicht, wenn euch der Engel des Wassers nur äußerlich umarmt. Wahrlich, ich sage euch, die innere Unreinheit ist um vieles größer als die äußere Unreinheit. Aber derjenige, der sich äußerlich reinigt, aber innen unrein bleibt, ist wie die Grabstätten, die außen ansehnlich gestrichen sind, aber innen voller grauenerregender Unsauberkeiten und Abscheulichkeiten stecken. So sage ich euch wahrhaftig, lasst den Engel des Wassers euch auch innerlich taufen, damit ihr von den vergangenen Sünden frei werdet und dass ihr innen genauso rein werdet wie das Sprudeln des Flusses im Sonnenlicht.

Darum sucht einen großen Rankkürbis mit einer Länge eines Mannes; nehmt sein Mark aus und füllt ihn mit dem Wasser des Flusses, das die Sonne erwärmte. Hängt ihn an den Ast eines Baumes und kniet auf dem Boden vor dem Engel des Wassers und führt das Ende der Ranke in euer Hinterteil ein, damit das Wasser durch eure Eingeweide fließen kann. Ruht euch hinterher kniend auf dem Boden vor dem Engel des Wassers aus und betet zum lebendigen Gott, dass er euch eure alten Sünden vergibt, und betet zum Engel des Wassers, dass er euren Körper von jeder Unreinheit und Krankheit befreit. Lasst das Wasser dann aus eurem Körper fließen, damit es aus dem Inneren alle unreinen und stinkenden Stoffe des Satans wegspült. Und ihr werdet mit euren Augen sehen und mit eurer Nase all die Abscheulichkeiten und Unreinheiten riechen, die den Tempel eures Körpers beschmutzten, und sogar all die Sünden, die in eurem Körper wohnen und euch mit allen möglichen Leiden foltern. Wahrlich, ich sage euch, die Taufe mit Wasser befreit euch von alledem. Erneuert eure Taufe mit Wasser an jedem Fastentag, bis zu dem Tag, an dem ihr seht, dass das Wasser, das aus euch hinausfließt, so rein ist wie das Sprudeln des Flusses. Begebt euch dann zum fließenden Wasser, und dort in den Armen des Wasserengels stattet Dank dem lebendigen Gott ab, dass er euch von euren Sünden befreit hat. Und diese heilige Taufe durch den Engel des Wassers ist: Wiedergeburt zu einem neuen Leben. Denn eure Augen werden dann sehen, und eure Ohren werden hören.

Darum sündigt nicht mehr nach der Taufe, so dass die Engel der Luft und des Wassers ewig in euch wohnen und euch für immer dienen werden….Und eurer Atem wird so rein werden wie der Atem der duftenden Blumen, euer Fleisch so rein wie das Fleisch der Früchte, die unter dem Laub der Bäume reifen, das Licht eurer Augen so klar und hell wie der Glanz der Sonne am blauen Himmel. Und jetzt werden die Engel der Erdenmutter euch dienen. Und euer Atem, euer Blut und euer Fleisch werden mit dem Atem, dem Blut und dem Fleisch der Erdenmutter eins sein, dass euer Geist auch mit dem Geist eures Himmelsvaters eins werden kann."(Dr. Edmond Bordeaux Székely, ebenda, Seite 17 – 22).

Das nachfolgende Gleichnis vom verlorenen Sohn, von dem Jesus spricht, findet sich in dieser umfangreichen Version nur in diesem Friedensevangelium (auf den Seiten 32 – 39) und beschreibt höchst eindrucksvoll das Schicksal eines jeden Menschen, der in seiner Ernährungsweise vom göttlichen Gesetz abgewichen ist und dadurch so viele „Schulden" und damit auch so viel Elend und Leid aufgehäuft hat, dass er mit aller verbliebenen Kraft nur noch die Erlösung von diesem Leid anstreben will. Schon die Lektüre dieses Gleichnisses rechtfertigt die Lektüre des Essener Friedensevangeliums, wenngleich meines Erachtens wirklich jeder Satz in dieser Schrift von allerhöchstem Wert ist.

Dr. med. habil. Dr. Karl J. Probst kommt in seinem Buch „Warum nur die Natur uns heilen kann", auf das nachfolgend immer wieder Bezug genommen werden wird, zu einem eindeutigen Ergebnis (Zitat):

„Es gibt nur eine einzige Krankheitsursache, und das ist Intoxikation des Körpers, das heißt das Überlaufen der „Klärgrube Mensch". Demzufolge kann es auch nur eine einzige sinnvolle Therapie geben, und das ist die Desintoxikation („Entgiftung") des Körpers. Diese Desintoxikation beginnt als allererstes mit Meiden der heute allgemein üblichen absolut unzuträglichen Ernährung. Aber die (Natural Hygiene, auch natürliche Gesundheitslehre genannt) hat noch weitere Bausteine einer gesunden Lebensführung identifiziert, wie vor allem

Eine geregelte Lebensführung

Körperliche Bewegung

Stressmanagement

Gesunder Schlaf."

(Prof. Probst, ebenda, S. 29)

Der beste Weg zur Entgiftung ist nach meiner Erfahrung eine Fastenkur.

Meine ersten Erfahrungen machte ich mit der einleitend erwähnten ayurvedischen Pancha-Karma-Kur, die für den Menschen, der sich (noch) nicht auf eine (ausschließlich) rohköstliche Ernährung einlassen möchte, den Vorteil hat, dass sie im Grunde keine Änderung der Ernährungsgewohnheiten verlangt, auch wenn die ayurvedische Ernährungslehre sehr detaillierte Angaben dazu macht, welche Nahrungsmittel für welchen Konstitutionstyp gesund oder nicht gesund sind.

In dieser ayurvedischen Ernährungslehre ist es eine grundlegende Wahrheit, dass das, was für den Einen gut (verträglich) ist und wie Medizin wirkt, für den

Anderen geradezu wie Gift wirken kann, so dass diese Ernährungslehre darauf aufbaut, zunächst seinen Konstitutionstypen zu bestimmen und seine Ernährung unter Berücksichtigung langer Listen, die alle für ihn verträglichen Lebensmittel enthalten, entsprechend einzustellen.

Die rohköstliche Ernährung stellt demgegenüber eine wesentliche Vereinfachung dar, da sie lediglich fordert, dass der Mensch sich zu ca. 80 % von rohem Gemüse und zu 20 % von rohem Obst ernährt.

Ich ernährte mich bereits seit einem halben Jahr rein rohköstlich, bevor ich mich auf das 7-tägige Heilfasten einließ, von dem im obigen Text der Essener die Rede ist.

Im Vergleich zur ayurvedischen Entgiftungskur, die keinen Verzicht auf Nahrung erfordert und somit durchaus kulinarische Genüsse erlaubt, ist eine 7-tägige Fastenkurz, die lediglich die Aufnahme von Wasser vorsieht, natürlich das wesentlich strengere Fastenprogramm, das vom Fastenden wesentlich mehr Disziplin und Durchhaltevermögen abverlangt.

Aber was streng ist bzw. als streng empfunden ist, das ist natürlich auch eine zutiefst persönliche Wahrnehmung.

Mir selbst ist diese 7-tägige Fastenkur sehr leicht gefallen, und abgesehen von gut spürbaren, aber nicht wirklich schmerzhaften Spannungen im Rücken- und in den Beinen ab dem 4. Fastentag habe ich in den 7 Tagen meiner Fastenkur keinerlei nachteilige Auswirkungen erfahren.

In Band 1 der o.g. Buchreiche von J.G.T. Joan über „Das Geheimnis des wahren Evangeliums" werden zahlreiche Erfahrungen von Patienten erzählt, die diese „Essener-Fasten-Kur" unter der Anleitung eines Arztes absolviert haben und vor Beginn ihrer Fastenkur unter allen möglichen kleineren und größeren körperlichen und psychischen Erkrankungen gelitten haben. Wenngleich die Darstellungen in diesem Buch von J.G.T. Joan nur eine „Fiktion" sein sollen, so bin ich mir angesichts der sehr präzisen Dokumentation dieser Fastenkur-Berichte doch sehr sicher, dass diese Fastenkur-Berichte nicht fiktiv, sondern das Resultat eines wirklich stattgefundenen „Experiments" waren, zu dem ein sehr engagierter Arzt einige seiner Patienten eingeladen hat, nachdem er diese Fastenkur selbst absolviert hatte. Da ich keine vergleichbare Dokumentation zu einer Heilfastenkur auf der Grundlage der Empfehlungen des Friedensevangeliums der Essener kenne, kann ich somit nur auf diese Ausführungen von J.G.T. Joan verweisen und es jedem selbst überlassen, ob er die dortigen Erfahrungsberichte für fiktiv oder real hält.

Meines Erachtens sollte man sich vor dieser Fastenkur eine Woche lang ausschließlich rohköstlich ernähren und sich dann während dieser Kur körperlich und geistig schonen, so dass man eine solche Kur für einen Urlaub im Frühling oder Sommer reservieren sollte.

Der Fastende macht jeden Morgen einen Einlauf mit lauwarmem Wasser, trinkt den Tag über nur Wasser, und geht in dieser Zeit – wenn er sich nicht ausruhen möchte - viel in der Natur wandern, damit er sich mit den Naturelementen verbinden kann. Komplizierter ist es im Grunde nicht. Damit ist schon das gesamte Kurprogramm beschrieben.

Zur „Darmsanierung" durch Einläufe führt Prof. Probst aus (Zitat): „Im Rahmen der Darmspülungen kommt es nicht nur rein mechanisch zu einer Reinigung, sondern aufgrund der energetischen Zusammenhänge auch zu einer Reenergetisierung des gesamten Organismus."(Prof. Probst, ebenda, S. 72 mit weiteren Nachweisen).

Nach diesen 7 Tagen habe ich mich in körperlicher und geistiger Hinsicht sehr rein und lebendig gefühlt. In mir habe ich einen sehr tiefen Frieden empfunden, und ich würde nicht übertreiben, wenn ich diesen Zustand als glückselig bezeichnen würde.

Von daher kann ich nur hoffen, dass Du, lieber Leser, Dich irgendwann auch einmal auf die Erfahrung dieser Fastenkur einlassen kannst und wirst.

Aber wie gesagt: Vergewissere Dich zunächst, dass diese Kur für Dich keine Belastungen mit sich bringt, die Du (noch) nicht tragen kannst.

Wenn Du Dir die oben genannten ARTE-Dokumentation über das Heilen und Fasten angesehen hast, dann wirst Du wissen, dass diese Form des Heilfastens in Russland stets unter ärztlicher Aufsicht praktiziert wird.

Ich habe auf diese ärztliche Aufsicht verzichtet, aber das war meine Entscheidung. Ich kommuniziere gerne, lasse mich gerne beraten, aber die Entscheidung in Fragen, die meinen Körper und meine Gesundheit betreffen, treffe ich immer selbst.

2.

Warum der Mensch weder Fisch noch Fleisch verzehren sollte

„Es wurde ihnen in alter Zeit gesagt: „Du sollst deinen Himmelsvater und deine Erdenmutter ehren und ihre Gebote achten, auf dass du lange lebst auf Erden." Und als nächstes wurde dieses Gebot gegeben: „Du sollst nicht töten", denn Leben wird allen von Gott gegeben, und das, was Gott gegeben hat, darf der Mensch nicht wegnehmen. Denn wahrlich, ich sage euch, von einer Mutter stammt alles, was auf Erden lebt. Darum tötet jeder, der tötet, auch seinen Bruder. Und von ihm wird sich die Erdenmutter abwenden und ihm ihre belebenden Brüste entziehen. Und er wird von ihren Engeln gemieden, und der Satan wird in seinem Körper einziehen. Und das Fleisch geschlachteter Tiere in seinem Körper wird sein eigenes Grab werden. Denn wahrlich, ich sage euch, der, der tötet, tötet sich selbst, und wer vom Fleisch erschlagener Tiere isst, isst vom Körper des Todes. Denn in seinem Blut wird jeder Tropfen ihres Blutes sich in Gift verwandeln, in seinem Atem ihr Atem zu Gestank, ihr Fleisch zu Beulen; in seinen Knochen ihre Knochen zu Kalk, in seinen Eingeweiden ihre Eingeweide zum Verfall; in seinen Ohren ihre Ohren zu wachsigem Belag. Und ihr Tod wird sein Tod werden. Denn nur im Dienste eures Himmlischen Vaters werden eure Schulden von sieben Jahren in sieben Tagen vergeben. Doch Satan vergibt euch nichts, und ihr müsst ihm alles bezahlen. Auge um Auge, Zahn um Zahn, Hand um Hand, Fuß um Fuß, Brennen um Brennen, Wunde um Wunde, Leben um Leben, Tod um Tod. Denn der Lohn der Sünde ist der Tod. Tötet nicht, noch esset das Fleisch eurer unschuldigen Beute, wenn ihr nicht die Sklaven des Satans werden wollt. Denn das ist der Pfad der Leiden, und er führt in den Tod. Sondern tut den Willen Gottes, auf dass seine Engel euch auf eurem Lebensweg dienen. Gehorcht darum den Worten Gottes: „Seht, ich habe euch alle Pflanzen der ganzen Erde, die samen tragen, gegeben, und alle Bäume mit Früchten, die Samen bringen, zu eurer Speise. ...Auch die Milch von allem, ws sich bewegt und auf der Erde lebt, soll Speise für euch sein, so wie ich die grünen Kräuter ihnen gegeben habe, gebe ich euch ihre Milche. Aber das Fleisch und das Blut, das es belebt, sollt ihr nicht essen. Und gewiss werde ich euer fließendes Blut fordern, euer Blut, worin eure Seele ist; ich werde alle geschlachteten Tiere fordern und die Seelen aller getöteten Menschen... Aber ich sage euch: Tötet weder Mensch noch Tier, noch die Nahrung, die euer Mund aufnimmt. Denn wenn ihr lebendige Nahrung esst, wird sie euch beleben, aber wenn ihr eure Nahrung tötet, wird euch die tote Nahrung ebenfalls töten. Denn Leben kommt nur vom Leben, und vom Tod kommt immer nur Tod. Denn alles, was eure Nahrung tötet, tötet auch euren Körper. Und alles, was eure Körper tötet, tötet auch eure Seelen. Und eure Körper werden, was eure Nahrung ist, so wie euer Geist das wird, was eure Gedanken sind."(Dr. Edmond Bordeaux Székely, ebenda, Seite 47 – 48 und Seite 51 - 52)

Ist diese Argumentation gegen den Verzehr von Fisch und Fleisch nicht viel überzeugender als alle „guten Gründe", die Du bisher gehört hast?

Abgesehen von verschiedenen Aspekten des Tier- und Umweltschutz und der Tatsache, dass viele bekannte Persönlichkeiten der Geschichte wie Einstein und Gandhi für ihren Verzehr auf Fleisch bekannt sind, gibt es zudem unzählige Studien, die dringend den Verzicht oder zumindest eine Einschränkung des Konsums von Fisch und Fleisch propagieren.

Unzählige Webseiten wie die von PETA Deutschland e.V. engagieren sich gegen die Tierquälerei, die mit dem Konsum von Fisch und Fleisch zwangsläufig verbunden ist.

Aber welcher Appell ist eindringlicher als der Hinweis darauf, dass der, der ein Tier für Zwecke des Verzehrs tötet, damit seine Brüder und Schwestern aus dieser Schöpfung tötet, und der Verzehr von Totem und Verwesendem nur Tod und Verwesung nach sich ziehen kann?

Aber lassen wir auch herzu noch Prof. Probst zu Worten kommen, wonach vielfach durchgeführte Studien übereinstimmend ergaben, (Zitat) „dass eine Ernährung ohne tierisches Eiweiß tatsächlich eine um durchschnittlich 13 Jahre längere Lebenserwartung zur Folge hat. Im Vergleich dazu verkürzt Rauchen die Lebenserwartung lediglich um 7 Jahre."(Prof. Probst, ebenda, S. 30 mit weiteren Nachweisen).

Welche Überraschung: Ohne die ständige Aufnahme von toter und totmachender Nahrung lebt es sich also wesentlich länger.

3.

Warum der Mensch sein Essen nicht über 41 Grad erhitzen und gefrieren sollte

Esst darum nichts, was Feuer oder Frost oder Wasser zerstört hat. Denn gekochte, gefrorene und verfaulte Nahrung wird euren Körper ebenso verbrennen , erfrieren und verfaulen lassen….Denn wahrlich, ich sage euch, lebt nur durch das Feuer des Lebens und bereitet eure Speisen nicht mit dem Feuer es Todes, das eure Nahrung tötet und eure Körper und eure Seelen auch."
„Herr, wo ist das Feuer des Lebens?" fragten einige von ihnen. „Und das Feuer des Todes?" fragten andere. „Es ist das Feuer, das außerhalb eures Körpers brennt, das heißer ist als euer Blut. Mit diesem Feuer des Todes kocht ihr eure Nahrung zu Hause und auf dem Felde. Wahrlich, Ich sage euch, es ist das gleiche Feuer, das eure Nahrung und euren Körper zerstört, genauso wie das Feuer der Bosheit, das eure Gedanken verwüstet und euren Geist. Denn euer Körper ist das, was ihr esst, und euer Geist ist das, was ihr denkt. Esst deshalb nichts, das ein stärkeres Feuer als das Feuer des Lebens tötete. Deshalb bereitet und esst alle Früchte der Bäume und alle Gräser des Feldes und alle Milch von Tieren, die genießbar sind. Denn all diese werden vom Feuer des Lebens genährt und gereift, alle sind das Geschenk der Engel unserer Erdenmutter. Aber esst nicht, dem nur das Feuer des Todes Geschmack gibt, denn das ist vom Satan." (Dr. Edmond Bordeaux Székely, ebenda, Seite 52 f.)

Wie sich das Erhitzen der Speisen auf die Gesundheit des Menschen und damit auch auf die Gesundheit nachfolgender Generationen auswirkt, wird in dem oben erwähnten Buch von Prof. Probst ausführlich gewürdigt. „Eine wichtige und leicht zu beeinflussende Quelle permanenter Überladung des Bindegewebes mit Schadstoffen stellt die mehrmals tägliche Fehl-Ernährung dar. Es ist das Verdienst der NH (Anmerkung des Autors: NH = natürlichen Gesundheitslehre), welche seit 200 Jahren in unzähligen Fällen dokumentierte, dass Rohkost grundsätzlich die für den Menschen naturgemäße Ernährung darstellt und selbst schwerste und chronische Krankheiten dadurch ausgeheilt werden können... Durch Erhitzen (z.B. Kochen) werden die... Biophotonen und Elektronen zerstört, und das Lebensmittel verwandelt sich damit in ein – biophysikalisch gesehen – weitgehend wertloses Nahrungsmittel, selbst wenn auch biochemischer Ebene noch Eiweiße, Enzyme, Vitamine und andere von der Schulmedizin bis heute allein als wichtig angesehenen Inhaltsstoffe unserer Nahrung – erhalten bleiben sollten. ... Vor allem aber werden durch Erhitzen der Nahrung auch Schadstoffe gebildet... Diese Schadstoffe belasten bzw. „vergiften"...das Bindegewebe und führen so zu einer immer weiter zunehmenden Behinderung der Diffusion der Nährstoffe und des Sauerstoffs von den Kapillaren bis hin zu den Zellen. Das heißt, die Zellen werden immer schlechter und immer weniger mit Nährstoffen und speziell mit Sauerstoff versorgt, was einen entsprechenden Mangel zur Folge hat. Es sind diese durch die mangelhafte Abfuhr der Stoffwechsel-Endprodukte sich aufstauenden Stoffwechselschlacken, welche zu einem Nährstoffmangel der Gewebe führen, welcher von der NH als die Grundursache aller Krankheiten angesehen wird."(Prof. Probst, ebenda, S. 25 f.).

Konkrete ungünstige Auswirkungen des Kochvorgangs bestehen nach Prof. Probst u.a. darin, dass Kohlenhydrate es einer chemischen Reaktion zwischen den in den Lebensmitteln enthaltenen Kohlehydraten und Eiweißen kommt, wobei – insbesondere bei höheren Temperaturen – giftige und sogar krebsauslösende Acrylamide entstehen, die vom Körper „nur schlecht verstoffwechselt und vor allem kaum ausgeschieden werden (können)"(Prof. Probst, ebenda, S. 32).

Hierbei muss man wissen, dass fast alle natürlich vorkommenden Lebensmittel eine Mischung aus Eiweißen, Fetten und Kohlehydraten darstellen.

„Durch die Glykierung, das heißt die Reaktion von Kohlehydraten mit Eiweißen und Fetten, entstehen neben den Acrylamiden eine ganze Reihe an weiteren gesundheitsschädlichen Stoffen…. Speziell alle Lebensmittel, die gegrillt und dabei gebräunt werden, enthalten hohe Konzentrationen von AGEs (Anmerkung des Autors: alle diese schädlichen Stoffe, die durch Glykierung entstehen, werden im angelsächsischen Raum als AGEs bezeichnet = Advanced Glycation Endproducts)."Prof. Probst, ebenda, S. 33).

Negative Auswirkungen der AGE-Produkte sind nach Prof. Probst (Zitat):

„…vorzeitige Alterung des Körpers, Überfettung des Blutes, Gefäßverkalkung, Arteriosklerose, Schlaganfall, Herzinfarkt, Entzündungen, Diabetes, Krebs, Verhärtungen im Körpergewebe, Schmerzen aller Art, Müdigkeit, Schlaflosigkeit, (Morgen-)Steifigkeit, Stressintoleranz, Stimmungsschwankungen, Depressionen." Prof. Probst, ebenda, S. 33 f.)

Meines Erachtens benötigt der Mensch aber keine wissenschaftlichen Studien, um den unterschiedlichen Effekt gekochter und nicht gekochter (roher) Nahrungsmittel auf sein Wohlbefinden selbst erkennen zu können, vorausgesetzt, dass er sich zu Vergleichszwecken zumindest an mehreren Tagen in der Woche, besser aber noch für mehrere Wochen oder Monate auf ein rein rohköstliche Ernährung einlässt.

Wenn er nicht verlernt hat, auf die Signale seines Körpers zu achten, dann wird er schließlich erkennen, dass das Gemüse im rohen Zustand sehr viel besser schmeckt als das gekochte Gemüse.

Zudem wird ihn der Saft von frisch entsaftetem Gemüse, insbesondere von roten Beeten, Karotten, Keimlingen und auch essbaren Wildkräutern schlicht begeistern. Er wird schnell erkennen: Säfte in dieser Qualität wird er sich nirgendwo im Handel beschaffen können. Einen leistungsstarken Entsafter, der auch hartes Gemüse und auch alle Gräser entsaften kann, sollte sich also jeder Rohköstler bzw. jeder, der sich vermehrt rohköstlich ernähren möchte, also unbedingt anschaffen.

Wenn ich hier bekannt geben würde, für welchen Entsafter ich mich seinerzeit entschieden habe, dann würde ich den Eindruck erwecken, hier bloß Werbung für eine Firma platzieren zu wollen. Daher werde ich Eure Entscheidung hierzu nicht beeinflussen.

Leider trägt die ayurvedische Ernährungslehre keine Einwände gegen das Erhitzen der Nahrung vor, befürwortet sogar ausdrücklich den Verzehr von erhitztem Gemüse, aber sie warnt immerhin davor, während des Essens keine kalten Getränke zu sich zu nehmen, weil dies das „Feuer", das der Mensch zum

„Verbrennen" seiner Nahrung benötigt, löschen würde wie ein Eimer Wasser das Feuer eines Grillofen (siehe Hans Heinrich Rhyner / Kerstin Rosenberg, Das Große Ayurveda-Ernährungsbuch, S. 114. Weitere Differenzierungen zu Temperatur des Trinkwassers finden sich bei Hans Heinrich Rhyner, Das neue Ayurveda Praxis Handbuch, 5. Auflage, S. 282).

Ich benenne diese Bücher, aber als Rohköstler waren sie für mich nur eine – wertvolle und erkenntnisreiche – Übergangsphase, so dass diese Bücher nur noch für Mischköstler und Vegatierer und Veganer von Interesse sein dürften, die ihre Speisen nach wie vor (über 41 Grad) erhitzen wollen und nach einer Entgiftungskur verlangen, die im Vergleich zur Fastenkur gemäß den Essener Schriften weniger streng ist.

4.

Warum der Mensch Obst und Gemüse nicht gleichzeitig verzehren sollte

„Und wenn ihr an ihrem Tische esst, esst alle Dinge, so wie sie auf dem Tisch der Erdenmutter gefunden werden. Kocht nicht, noch mischt alle Dinge miteinander, damit eure Eingeweide keine dampfenden Sümpfe werden. Denn ich sage euch wahrlich, dies ist in den Augen des Herrn abscheulich. Und seid nicht wie der gierige Diener, der immer am Tisch seines Herrn die Portionen von anderen aufaß. Er verschlang alles selbst und vermischt es in seiner Gefräßigkeit. Und als sein Herr dies sah, war er über ihn erzürnt und trieb ihn vom Tisch weg. Und als alle ihr Mahl beendet hatten, mische er alles, was übrigblieb, zusammen und rief den gierigen Diener zu sich und sagte: „Nimm und iss dies alles mit den Schweinen, denn dein Platz ist unter ihnen, und nicht an meinem Tisch. Seid deshalb vorsichtig und verunreinigt euren Körper nicht mit allen Arten von Abscheulichkeiten. Seid mit zwei oder drei Nahrungsarten zufrieden, die ihr immer auf dem Tisch unserer Erdenmutter finden werdet. Und begehrt nicht, alle Dinge zu verzehren, die ihr überall seht. Denn wahrlich, ich sage euch, wenn ihr alle Arten von Nahrung in eurem Körper vermischt, dann wird der Friede eures Körpers aufhören, und ein endloser Krieg wird in euch wüten. Und er wird ausgelöscht werden, so wie Familien und Königreiche ihre eigene Zerstörung einleiten, wenn sie sich spalten. Denn euer Gott ist der Gott des Friedens und unterstützt keine Teilung. Ladet darum nicht den Fluch Gottes auf euch, damit er euch nicht von seinem Tische wegtreibt, und ihr gezwungen seid, zum Tische des Satans zu gehen, wo das Feuer der Sünden, der Krankheiten und des Todes euren

Körper verdirbt."(Dr. Edmond Bordeaux Székely, ebenda, Seite 54 – 55).

Erinnern diese Ausführungen nicht sofort an die Lehre von der „Trennkost", eine von William Howard Hay zu Beginn des 20. Jahrhunderts entwickelte Ernährungsform, wonach eiweißhaltige und kohlenhydrathaltige Lebensmittel nicht gleichzeitig bei einer Mahlzeit gegessen werden sollen, weil für ihre Verdauung verschiedene Enzyme benötigt werden?

Unabhängig davon, ob und in welcher Form diese Trennkostlehre aktuell noch vertreten oder auch kritisiert wird, so sollte jeder Mensch doch selbst herausfinden, wie es sich auf sein Wohlbefinden auswirkt, wenn er die Aufnahme von Obst- und Gemüseprodukten so voneinander trennt, dass zwischen ihrem Konsum ein zeitlicher Abstand von mindestens 1 Stunde liegt.

Du kannst die akademische Diskussion zu diesen Fragen mit unzähligen Quellen vertiefen, Du bist für Dich selbst aber die beste Universität und der beste Arzt, wenn Du insofern auf die Erkenntnisse Deiner eigenen Erfahrungen vertrauen kannst.

5.

Warum der Mensch stets nur in Maßen essen sollte und wie oft er täglich essen sollte

„Und wenn ihr esst, esst nie bis zur Völle. Flieht die Versuchungen des Satans und hört auf die Stimme der Engel Gottes. Denn Satan und seine Macht verführt euch, immer mehr und mehr zu essen. Lebt aus dem Geist und widerstehet den Begierden des Körpers. Euer Fasten wird immer eine Freude in den Augen der Engel Gottes sein. So beachtet, wieviel ihr gegessen habt, wenn ihr satt seid, und esst immer ein Drittel weniger. …Denn wahrlich, ich sage euch, derjenige, der mehr als zweimal am Tage isst, vollringt Satans Arbeit in sich. Und die Engel Gottes verlassen seinen Körper, und bald danach nimmt Satan Besitz von ihm. Esst nur, wenn die Sonne ihren höchsten Stand am Himmel hat, und wieder, wenn sie untergegangen ist. Und ihr werdet keine Krankheiten sehen, denn das findet Gefallen in den Augen des Herrn. Und wenn ihr wollt, dass die Engel Gottes sich an eurem Körper erfreuen und dass Satan euch von weitem meidet, dann sitzt nur einmal am Tag am Tische Gottes. Und dann werden eure Tage auf Erden lang werden, denn dies findet Wohlgefallen in den Augen des Herrn. Esst immer, wenn der Tisch Gottes vor euch gedeckt ist, und esst immer das, was ihr auf dem Tisch Gottes findet. Denn wahrlich, ich sage euch, Gott weiß genau, was euer Körper braucht und wann er es braucht."(Dr. Edmond Bordeaux Székely, ebenda, Seite 55 f.).

Nach Prof. Probst sollte man zur Umstellung von Glucose-Verbrennung (Anmerkung des Autors: Alle Kohlenhydrate werden zu Glukose, d.h. einfachem Blutzucker abgebaut) auf Fett-Verbrennung „als erste Maßnahme seine Ernährung dergestalt umstellen, dass man zwischen den Hauptmahlzeiten Frühstück, Mittagessen und Abendessen einige Stunden Abstand einhält … Diese Zeit ist vor allem für die Bildung von genügend Magensäure unerlässlich. Ebenso empfiehlt sich auch das sog. Intermittierende Fasten, indem man nur in einem Zeitfenster von 6 – 8 Stunden täglich Nahrung zu sich nimmt. Die heutige Ernährung mit den Zwischenmahlzeiten führt dazu, dass die meisten Menschen einen Mangel an Magensäure und Verdauungs-Säften haben. Tragischerweise werden die daraus resultierenden Beschwerden, wie Sodbrennen, von der Schulmedizin als Säureüberschuss missdeutet und mit Säureblockern behandelt und damit chronifiziert und verschlimmert. Stattdessen kann jedermann sofort eine Behandlung mit den gesundheitsschädlichen Säureblockern vermeiden, indem er ein eventuell zwischen den Mahlzeiten kurzzeitig aufkommendes Hungergefühl überwindet. Das hat zugleich die enorm gesundheitsfördernde Nebenwirkung, dass der Stoffwechsel leichter auf Fettverbrennung umschaltet."(Prof. Probst: ebenda, S. 114).

6.

Warum der Mensch regionale Produkte essen sollte

„Esst keine unreine Nahrung, die von fernen Ländern gebracht wird, sondern esst immer das, was eure Bäume tragen. Denn euer Gott weiß wohl, was richtig für euch ist, und wo und wann. Und er gibt allen Leuten aller Königreiche das Essen, das für jeden das beste ist."(Dr. Edmond Bordeaux Székely, ebenda, Seite 57).

Immer mehr Menschen, auch Buchautoren und Vereine wie „Slow Food Deutschland e.V." treten für den Kauf von regionalen Produkten ein.

Neu ist der Gedanke, auf lokale Kräuter und Speisen zu setzen, aber nicht.

Schon der im Mittelalter lehrte Paracelsus, von dem schon oben die Rede war (Zitat):

„Einem jeglichen Land wächst seine Krankheit selbst und auch seien Arznei selbst." (Siegrid Hirsch & Felix Grünberger, Die Kräuter in meinem Garten, S. 21).

Der Mensch ist somit aufgefordert, seine Ernährungsgewohnheiten zu hinterfragen und die Erzeugnisse der Natur in seiner Region kennen zu lernen und zu nutzen, damit sich in seinem Leben bewahrheitet, was Paracelsus wie folgt formulierte (Zitat):

„Der Größte ist der, der die Natur und die Wunder weiß, lernt und erfährt. Der nichts kann, noch erfährt, noch weiß, ist tot."

7.

In welchem Tempo und mit welcher Geisteshaltung der Mensch essen sollte

„Esst nicht wie die Heiden, die sich in Eile vollstopfen und ihre Körper mit allen Abscheulichkeiten verschmutzen. Denn die Macht der Engel Gottes kommen in euch mit der lebendigen Speise, die der Herr euch von seiner königlichen Tafel gibt. Und wenn ihr esst, habt über euch den Engel der Luft und unter euch den Engel des Wassers. Atmet tief und lang bei allen euren Mahlzeiten, dass der Engel der Luft Eure Mahlzeiten segnet. Und kaut eure Nahrung gut mit euren Zähnen, dass sie zu Wasser wird, und dass der Engel des Wassers sie in eurem Körper zu Blut umwandeln kann. Und esst langsam, als ob es ein Gebet sei, dass ihr dem Herrn widmet. Denn wahrlich, ich sage euch, die macht Gottes fließt in euch, wenn ihr auf diese Art an seinem Tisch esst. Aber Satan verwandelt den Körper desjenigen in einen dampfenden Sumpf, bei dem die Engel der Luft und des Wassers nicht während der Mahlzeiten anwesend sind. ... Legt deshalb nichts auf den Altar Gottes, wenn euer Geist verdrossen ist, noch denkt schlecht über andere im Tempel Gottes. Und betretet das Allerheiligste des Herrn nur, wenn ihr den Ruf seiner Engel fühlt, denn alles, was ihr in Traurigkeit oder in Ärger oder ohne Wunsch esst, wird zu Gift in eurem Körper. Denn der Atem Satans beschmutzt alles. Legt eure Gaben mit Freude auf den Aller eures Körpers und lasst alle bösen Gedanken von euch weichen, wenn ihr in eurem Körper die Macht Gottes von seinem Tisch empfangt. Und setzt euch nie an den Tisch Gotte, bevor er euch vom Engel des Appetits rufen ließ." (Dr. Edmond Bordeaux Székely, ebenda, Seite 57 - 58).

Muss man noch Quellen dazu angeben, dass der Mensch seine Nahrung langsam, in Ruhe und gut zerkaut zu sich nehmen sollte? Zumindest diese Binsenweisheit dürfte längst Allgemeinwissen geworden sein.

Dass sich Stress nachteilig auf die Nahrungsaufnahme bzw. die Verdauung und damit auf die Gesundheit und Lebensqualität auswirkt und eine ungesunde, z.B. übermäßige und unzeitige Form der Nahrungsaufnahme für den gesamten Körper ebenfalls zu einer Stressbelastung führt, müsste mittlerweile ebenfalls allgemein bekannt sein, wird aber auch in dem nachfolgend vorgestellten Buch „Vegan in Topform" von Brendan Brazier ausführlich thematisiert.

8.

Warum der Mensch an einem Tag in der Woche fasten sollte

„Und vergesst nicht, dass jeder siebente Tag heilig und Gott geweiht ist. An sechs Tagen nährt eure Körper mit den Geschenken der Erdmutter, aber am siebenten Tag weiht eure Körper eurem Himmlischen Vater. Und am siebten Tag esst keine Erdenspeise, sondern lebt nur vom Worte Gottes. ...Und lasst keine Nahrung die Arbeit der Engel in eurem Körper am siebten Tag erschweren. Und Gott wird euch ein langes Leben auf Erden geben, damit ihr ein ewigliches Leben im Reich des Himmels haben werdet. Denn wahrlich, ich sage euch, wenn ihr keine Krankheiten auf Erden mehr sehen werdet, werdet ihr für immer im Königreich des Himmels leben." (Dr. Edmond Bordeaux Székely, ebenda, Seite 59).

Es gibt mittlerweile eine ganze Reihe von Büchern, die aktuell erschienen sind und sich ausschließlich sog. „Intervallfasten" widmen und damit bestätigen, dass schon der vorübergehende – mehrstündige oder tageweise – Verzicht auf Nahrung große gesundheitlichen Nutzen bringen kann.

Ich überlasse es Deinen Neigungen und Deinem Budget, für welches Buch Du Dich entscheidest, wenn Du dieses Thema vertiefen möchtest.

Bücher zum Intervallfasten möchte ich hier aber nicht empfehlen, da die Informationen auch kostenlos im Internet abrufbar sind und leider fast alle Bücher zu dem Thema Kochrezepte enthalten, die mit einer rohköstlichen Ernährung nicht im Einklang stehen.

Es sollte auch niemandem schwerfallen, ohne die Anleitung von Büchern mit solchen Intervallen des Fastens zu experimentieren und daraus seine Schlüsse zu ziehen.

9.

In welchem Rhythmus der Mensch Tag und Nacht verbringen sollte

„Und Gott wird euch jeden Morgen den Engel der Sonne senden, um euch vom Schlaf aufzuwecken. Darum gehorcht den Aufforderungen Gottes und bleibt nicht faul in euren Betten liegen, denn die Engel der Luft und des Wassers erwarten euch schon draußen. Und arbeitet den ganzen Tag mit den Engeln der Erdenmutter, damit ihr sie und ihre Werke immer besser kennenlernt. Aber wenn die Sonne untergegangen ist und euer Himmlischer Vater euch seinen geliebten Engel sendet, den Schlaf, dann ruht euch aus und bleibt die ganze Nacht mit den Angeln des Schlafes. Und dann wird euer Himmelsvater euch seine unbekannten Engel senden, auf dass sie die lebenslange Nacht mit euch sind. Und die unbekannten Engel des Himmelsvaters werden euch viele Dinge vom Reiche Gottes lehren, genauso wie die Engel, die ihr von der Erdenmutter kennt, euch in den Dingen ihres Reichs unterweisen. Denn wahrlich, ich sage euch, ihr werdet jede Nacht Gäste im Königreich eures Himmlischen Vaters sein, wenn ihr seine Gebote haltet. Und wenn ihr am Morgen aufwacht, werdet ihr die Macht der unbekannten Engel fühlen. Und euer Vater wird sie jede Nacht senden, auf dass sie euren Geist aufbauen, genauso wie jeden Tag die Erdenmutter euch ihre Engel schickt, auf dass sie euren Körper aufbauen."(Dr. Edmond Bordeaux Székely, ebenda, Seite 59).

Diesem Text ist meines Erachtens nichts hinzuzufügen. Und jeder Mensch wird um den Wert eines gesunden Schlafs und eines geordneten Lebensrhythmus wissen.

10.

Warum der Mensch Keimlinge verzehren sollte und wie er sein Brot backen sollte

„Wie sollen wir denn unser tägliches Brot ohne Feuer backen, Meister?" fragten einige in großem Erstaunen. „Lasst die Engel Gottes euer Brot bereiten. Nässt euren Weizen, auf dass der Engel des Wassers in ihn eindringen kann. Setzt ihn dann der Luft aus, so dass der Engel der Luft ihn auch umarmen kann. Und lasst ihn von morgens bis abends unter der Sonne, auf dass der Engel der Sonne zu ihm kommen kann. Und der Segen der drei Engel wird bald den Lebenskeim in eurem Weizen sprießen lassen. Und dann zerdrückt euer Korn und macht dünne Fladen... Legt die Fladen wieder unter die steigende Sonne, und wenn sie am höchsten am Himmel steht, dreht die Fladen auf die andere Seite, dass sie auch vom Engel der Sonne umarmt werden, und lasst sie liegen, bis die Sonne untergeht. Denn so wie die Engel des Wassers, der Luft und der Sonne den Weizen auf dem Feld nährten und reifen ließen, so müssen sie auch euer Brot bereiten. Und die gleiche Sonne, die mit dem Feuer des Lebens den Weizen wachsen und reifen ließ, muss auch euer Brot mit dem gleichen Feuer backen. Denn das Feuer der Sonne gibt dem Weizen, dem Brot und dem Körper leben. Aber das Feuer des Todes tötet den Weizen, das Bort und den Körper. Und die lebendigen Engel des lebendigen Gottes dienen nur lebendigen Menschen. Denn Gott ist der Gott des Lebens, und nicht der Gott des Todes." (Dr. Edmond Bordeaux Székely, ebenda, Seite 53).

Was hier beschrieben wird ist nichts anderes als das Dörren von Lebensmitteln (mit Temperaturen von maximal 41 Grad), wofür es ein reiches Angebot an Dörrautomaten gibt.

An Rezepte für Speisen und „Brote", die durch Dörren hergestellt oder auch getrocknet und haltbar gemacht werden können, besteht ebenfalls kein Mangel, wenngleich man bei diesen Quellen stets darauf achten sollte, dass Obst- und Gemüseprodukte nicht miteinander vermischt werden.

Ebenso wird jeder, der Keimlinge zieht, sofort erkannt haben, dass in diesem Text präzise erklärt wird, wie man dabei vorgehen soll: Samen, z.B. Bio-Linsensamen werden angefeuchtet und dann (in einem Glasbehälter, der auf einer Seite Wasser- und Luftdurchlässig ist) dem Licht und der Luft ausgesetzt, so lange, bis die Keimlinge sich wie gewünscht entwickelt haben.

Dass Keimlinge (oder auch Sämlinge genannt, Pflanze kurz nach der Keimung) wahre „Vitaminbomben" sind und deshalb als „Superfood" gelten, ist ebenfalls Gegenstand vieler Buchveröffentlichungen und Online-Artikel.

Keimlinge sind ebenso reich an gesunden Kohlenhydraten, Mineralstoffen und sekundären Pflanzenstoffen. Durch die Keimung bilden sich gesunde Vitalstoffe, wodurch Kohlenhydrate und Proteine so umgewandelt werden, dass sie für Menschen besser verdaulich sind und die Nährstoffe im Darm besser aufgenommen werden können. Die Konzentration der Vitamine und Mineralstoffe ist in Sprossen wesentlich höher als in ausgewachsenen Pflanzen.

Informiere Dich, und Du wirst sicherlich noch viele weitere Vorteile entdecken. Ein besonderer Vorteil ist auch der, dass diese Fladen aus dem Dörrautomaten einfach phantastisch schmecken. Nach einigen Monaten hat mir das Brot aus dem Handel jedenfalls nicht einmal mehr geschmeckt.

Die Herstellung von Keimlingen ist kinderleicht und wird in vielen YouTube-Videos, Internet-Portalen und Büchern erklärt.

Hierzu aber doch ein Tipp: Sinnvoll sind große, mindestens 3-Liter große Glasbehälter, die ein ausgiebiges Wachstum der gewünschten Anzahl Keimlinge erlauben. Zu kleine Gläser geraten durch die Wucht des Wachstums schnell unter Druck.

Hingegen ist der Verzehr von Getreideprodukten – die regelmäßig in gebackener Form angeboten werden - nach Prof. Probst mit einer Vielzahl von Nachteilen verbunden. Getreideprodukte können nach seiner Erkenntnis u.a. chronische Darmentzündungen, Immunschädigungen und Autoimmunerkrankungen, Insulinresistenz und Suchtverhalten zur Folge haben (Prof. Probst, ebenda, S. 86 – 97).

Er kommt somit zu dem Ergebnis (Zitat), „dass die WGA (Anmerkung des Autors: WGA = Weizenkeim-Agglutinine) und damit die Getreideprodukte auf allen Ebenen der menschlichen Physiologie zu einem Durcheinander der Stoffwechselvorgänge führen. Zu erwähnen wären noch zahlreiche andere Pathologien, wie Störungen der Blutgerinnung und direkte kardiotoxische Wirkungen, das heißt eine direkte Giftwirkung auf den Herzmuskel sowie sogar die

Möglichkeit einer Veränderung des Erbguts durch Getreideprodukte" (Prof. Probst, ebenda, S. 96).

11.

Was auf dem Speisezettel steht

„Gehorcht darum den Worten Gottes: „Seht, ich habe euch alle Pflanzen der ganzen Erde, die Samen tragen, gegeben, und alle Bäume mit Früchten, die Samen bringen, zu eurer Speise. ...Auch die Milch von allem, was sich bewegt und auf der Erde lebt, soll Speise für euch sein, so wie ich die grünen Kräuter ihnen gegeben habe, gebe ich euch ihre Milch. Aber das Fleisch und das Blut, das es belebt, sollt ihr nicht essen...".(Dr. E.B. Székely, ebenda, Buch 1, Seite 48).

„Deshalb bereitet und esst alle Früchte der Bäume und alle Gräser des Feldes und alle Milch von Tieren, die genießbar sind. Denn all diese werden vom Feuer des Lebens genährt und gereift, und sind das Geschenk der der Engel der Erdenmutter. Aber esst nichts, dem nur das Feuer des Todes Geschmack gibt, denn das ist vom Satan."(Dr. E.B. Székely, ebenda, Buch 1, S. 52 f.)

„So esst immer vom Tisch Gottes: die Früchte der Bäume, das Korn und die Gräser des Feldes, die Milch die Milch des Viehs und den Honig der Bienen....Wahrlich, ich sage euch, der Gott des Lebendigen ist reicher als alle Reichen der Erde, und sein voller Tisch ist reicher als die reichste Festtafel alle Reichen auf Erden."(Dr. E.B. Székely, ebenda, Buch 1, S. 54).

Prof. Probst geht in seinem vorgenannten Buch ausführlich auf diverse Studien zur Rohkost und biologisch wertvollen Ernährung ein (ebenda, S. 136 – 153) und gelangt zu dem eindeutigen Fazit (Zitat):

„Jedermann, der die Rohkost ausprobiert, spürt im Grunde nach einiger Zeit am eigenen Leib, wie es ihm an Körper, Seele und Geist besser geht und er benötigt dann auch keine wissenschaftlichen Studien mehr. Auf Grund der hier vorgestellten, sauber durchgeführten Studie ... kann man jedoch nun auch den Skeptikern sogenannte „wissenschaftlich" gesicherte Daten präsentieren...Auch wenn diese Studien einmal mehr im Hinblick auf die Vermarktung des entsprechenden Auszugsstoffes ausgerichtet sind, so zeigen doch diese Ergebnisse, dass uns in Gottes Natur alles zur Verfügung gestellt wurde, was zu einem gesunden Leben notwendig ist: Alles hat uns die göttliche Gnade gegeben" (Bibel, NT, 2. Petrus 1,3)."(Prof. Probst, ebenda, S. 141 und 147).

Prof. Probst kommt somit zu der Empfehlung (Zitat):

„Die beste Ernährung besteht aus kohlehydratarmem Gemüse und aus Salaten, am besten aus Bio-Anbau. Noch besser und hochwertiger sind wildwachsende Pflanzen, denn, wie wir heute wissen, sind diese nicht nur besonders vitamin- und mineralstoffhaltig, sondern sie enthalten auch besonders viele Biophotonen, das sind kleinste Lichtteilchen, welche in der Pflanze gespeichert sind. Rohes Obst und rohes Gemüse können daher als eine Art „Lichtnahrung" bezeichnet werden. Sie enthalten die meisten Biophotonen, das heißt „flüssiges Licht", und damit Energie, welche unmittelbar in ATP (Anmerkung des Autors: ATP = Adenosintriphosphat ist der universelle und unmittelbar verfügbare Energieträger in Zellen und wichtiger Regulator energieliefernder Prozesse) umgesetzt werden kann. Deshalb wird Rohkost von jedermann als sofort belebend und revitalisierend erlebt. Es gilt heute als gesichert, dass durch das Erhitzen der Lebensmittel diese Biophotonen entweichen. Die Lebensmitteln verwandeln sich so in Nahrungsmittel, welche den Menschen nur noch biochemisch, aber nicht mehr bioenergetisch ernähren."(Prof. Probst, ebenda, S. 118 f.)

Mit anderen Worten: Der liebe Gott hat den Menschen offensichtlich nicht dazu bestimmt, ständig krank zu sein und zu leiden. Wenn er sich so ernährt, wie es den Anforderungen seines Körpers entspricht, dann kann er gesund und vital leben und alt werden.

Wie mein Mentor einmal sagte: „Ich habe irgendwann verstanden, dass der liebe Gott mein Freund ist."

Darauf sollte der Mensch in der Tat vertrauen. Der liebe Gott ist Dein bester Freund. Es kann aber sein, dass Du das vergessen hast und Dir (noch) nicht vorstellen kannst.

Das Elend in dieser Welt ist – so mein persönlicher Glaube - von Menschen gemacht, die ihren Willen dahingehend betätigt haben, Strukturen aufzubauen, die vielen Menschen die Mittel und auch das Wissen vorenthalten, dass sie für ein selbstbestimmtes Leben in Würde und Freiheit benötigen.

12.

Was nicht mehr auf dem Speisezettel steht: Alkohol

„Und habt kein Vergnügen an Getränken noch an irgendeinem Rausch vom Satan, die Euch des Nachts wachhalten und am Tage schlafen lassen"(Dr. E.B. Székely, ebenda, S. 60 f.)

Hierzu kann Prof. Probst auf eine Studie der Universität London verweisen, an der 5.100 Männer und Frauen im Alter zwischen 42 und 63 teilgenommen haben, die über einen Zeitraum von durchschnittlich 16,3 nachbeobachtet wurden. Im Rahmen dieser Studie wurden folgende vier Parameter als „gesundes Verhalten" definiert (Zitat): „Nichtraucher, mäßiger Alkoholkonsum, mäßige körperliche Betätigung von mindestens zweieinhalb Stunden pro Woche oder über eine Stunde pro Woche intensive körperliche Betätigung und der tägliche Konsum von Obst und Gemüse." (Probst, ebenda, Seite 150)

Als „gesundes Altern" wurde in dieser Studie definiert (Zitat): „geistige und körperliche Leistungsfähigkeit und normale Funktion der Atemwegsorgane und des Herz-Kreislauf-Systems sowie Fehlen von körperlichen oder mentalen Einschränkungen oder chronischen Erkrankungen, wie Krebs, Diabetes, Schlaganfall oder (Koronore Herzkrankheit)." (Probst, ebenda, Seite 151)

„Im Vergleich mit den ungesund lebenden Studienteilnehmern hatten jene, die alle vier Parameter einer gesunden Lebensführung beachteten, das heißt Nichtraucher waren, nur mäßiger Alkohol konsumierten, sich sportlich betätigten und täglich rohes Obst und Gemüse konsumierten, eine um 3,3 mal größere Wahrscheinlichkeit, gesund alt zu werden als jene, welche keine der oberen vier Bedingungen erfüllten..."(Probst, ebenda, Seite 151)

Natürlich kann der Mensch auch weiterhin seinen geliebten Wein konsumieren, aber er sollte es in Maßen tun.

Zudem glaube ich persönlich nicht, dass das Rauchen wirklich für all die furchtbaren Erkrankungen verantwortlich ist, die ihm zugeschrieben werden.

Ich glaube vielmehr, dass viele dieser Erkrankungen auf eine fehlerhafte Ernährung zurück zu führen sind und durch die Stigmatisierung der Raucher von der fehlerhaften Ernährung abgelenkt wird.

Ein guter Freund erzählte mir von einem Naturvolk, das kerngesund war, fast nur von Wasser und Feigen lebte und in dem das Rauchen von Tabak gepflegt wurde.

Offenbar wusste dort niemand, dass das Rauchen gesundheitsschädlich ist, so dass dort auch niemand durch das Rauchen krank wurde.

Vor einigen Jahren lass ich z.B. das Buch „Die Wiederentdeckung der Nutzpflanze Hanf" von Jack Herer, und dieses Buch ist deshalb so interessant, weil es im Detail nachweist, seit wann und warum diese Pflanze in der gesamten westlichen Welt kriminalisiert und in Verruf gebracht worden ist. Diese Kampagne hatte weitreichende Folgen, insbesondere auch für Menschen, die aus gesundheitlichen Gründen auf Cannabis-Produkte angewiesen waren.

Hanf ist kein „Mörderkraut", sondern eine uralte Heilpflanze, die – was mittlerweile niemand mehr bestreitet - zur Behandlung einer großen Anzahl von Krankheiten eingesetzt werden kann.

Ich möchte mit diesem Exkurs zur „Kriminalgeschichte" des Hanfs nur sagen: Glaube nicht alles, was man Dir sagt. Und dass viele Gutachten, auf die sich die Lebensmittelindustrie bezieht, regelrecht gekauft sind, ist längst bekannt. Sei also – wenn es um Deine Gesundheit geht - kritisch, hinterfrage alles. Lass Dich bitte nicht für dumm verkaufen, und folge nicht blind allen angeblich so wissenschaftlichen Empfehlungen und Autoritäten.

13.

Welche Folgen es für künftige Generationen haben wird, wenn man sich nicht im Einklang mit den Gesetzen des Lebens ernährt

„Denn ich, der Herr, dein Gott, bin ein strenger und eifriger Gott und heimsuche die Sünden der Väter an den Kindern bis ins dritte und vierte Geschlecht derer, die mich hassen; und ich übe Barmherzigkeit an Tausenden, die mich lieben und die meine Gebote halten."

Wie kann eine solche Aussage im Kontext mit den anderen Aussagen Jesu zu Fragen gesunder Ernährung im Einklang mit den göttlichen Gesetzen zu verstehen sein?

Prof. Probst bietet hierzu eine äußerst schlüssige Antwort an, in dem er zunächst von einer Studie mit Katzen berichtet, bei der eine Kontrollgruppe Rohkost, bestehend aus rohem Fleisch, Milch und Lebertran bekam, die andere Kontrollgruppe hingegen gekochte Nahrung. „Zusammenfassend zeigte diese Studie, dass nach drei Generationen Kochkost die Katzen degeneriert waren und anschließend vier Generationen benötigten, um wieder vollkommen gesund zu werden."(Prof. Probst, ebenda, S. 134).

Sodann führt Prof. Probst aus (Zitat):

„Wie viele Generationen Kochkunst beim Menschen notwendig sind, um zu degenerieren, wissen wir nicht genau. Jedenfalls ist es eine allgemein bekannte, aber auch bedenkliche Tatsache, dass degenerative Erkrankungen immer jüngere Menschen treffen, oft schon im Kindesalter. Sehr wahrscheinlich spielt – speziell in unseren westlichen Zivilisationen – der heutige Überfluss an Nahrungsmitteln und Genussmitteln aller Art eine beschleunigende Rolle, nachdem frühere Generationen oft – wenn auch unfreiwillig – Hungerphasen zu überstehen hatten, die zwar einerseits zu Mangelerscheinungen führen konnten, andererseits aber auch Übergewicht mit den bekannten schädlichen Folgen verhinderten….Auch wenn wir bereits nahezu alle mehr oder weniger vorgeschädigt sind, sollte man für sich persönlich bedenken, was man sich und seinen Kindern antut, wenn man nicht bereits vor einer Schwangerschaft damit beginnt, gesundheitsbewusster zu leben, um somit auch dem eigenen Kind jedenfalls den bestmöglichen Start ins Leben zu ermöglichen."(Prof. Probst, ebenda, S. 134 f.)

III. Nachwort

Ich hoffe, dass mein Buch Dich auf vielfältige Art und Weise inspiriert hat. Auch wenn Du Vieles vielleicht jetzt noch nicht umsetzen möchtest, weil Du noch keine Notwendigkeit für Veränderungen siehst oder weil Dir das Ernährungsprogramm der Essener als zu streng und asketisch erscheint: Dein Wissen hat sich hoffentlich ein wenig gemehrt, und dieses Wissen wird Dir ggf. zusätzliche Optionen vermitteln, wenn Dein Körper irgendwann einmal von Dir Korrekturen verlangen sollte.

Bücher wie die von Prof. Probst sind sicherlich sehr verdienstvoll und ggf. auch wegweisend, aber da Wissenschaft für so Manchen ohnehin nur der jeweils letzte Stand des Irrtums ist, solltest Du stets offen für neue Erkenntnisse und Entwicklungen in der Ernährungsmedizin sein.

So glaube ich persönlich z.B. im Gegensatz zu Prof. Probst nicht, dass der Mensch, der sich ausschließlich rohköstlich ernähren möchte, aber in seinem Beruf körperlich hart belasten muss, deshalb zwangsläufig auch nur teilweise auf eine rohköstliche Ernährung verzichten muss, damit sein Körper die nötige Kraft aufbauen kann.

Autoren wie der Triathlet Brendan Brazier, der vegane Ernährungsratgeber für Höchstleistungen in Sport und Alltag veröffentlicht hat, haben längst nachgewiesen, dass der Mensch auch bei veganer Ernährungsweise zu körperlichen Höchstleistungen in der Lage ist. Sein Buch „Vegan in Topform" wendet sich zwar nicht an Rohköstler, enthält aber Ratschläge, von denen sich auch Rohköstler inspirieren lassen können.

Wer während des Sports über Energie verfügen möchte, der könnte z.B. vor (!) dem Sport Datteln oder auch Kokosmilch verzehren.

Besonders wertvoll finde ich Braziers Eintreten für den Verzehr basischer Lebensmittel (zu denen insbesondere auch die Feige gehört) und die Auswirkungen von Stress auf die Verarbeitung der Nahrung und damit auf die Gesundheit und das Wohlbefinden des Menschen.

Ich hoffe also, dass es nur eine Frage der Zeit ist, bis einmal ein Buch mit einem Titel wie „Mit Rohkost in Topform" oder „Wie ich mit Rohkost den Ironman-Wettbewerb gewann" erscheinen wird.

Zahlreiche Webseiten, YouTube-Videos und Bücher mit unzähligen Infos und Rezepten rund um die rohköstliche Ernährung gibt es bereits, und das Angebot wird weiterhin zunehmen.

Natürlich hat eine rohköstliche Lebensweise auch noch unzählige andere positive Effekte auf unser Leben und unsere Welt, auch weil sich Rohköstler regelmäßig für regionale Produkte und gegen Plastikverpackungsmüll entscheiden werden, so dass sehr viel Energie für weite Transportwege und sehr viel Müll eingespart werden kann. Aber das ist nicht das Thema dieses Buchs.

Im Grunde ist alles so einfach, dass Du keine Bücher mehr über gesunde Ernährung brauchst, wenn Du die Anregungen dieses Buchs aufgenommen hast.

„Kochbücher" brauchst der Rohköstler ohnehin nicht mehr. Seine Salate wird er auch ohne Inspiration eines Buchautors nach seinem Geschmack gestalten können.

Er spart fortan viel Zeit und auch Energie und Kosten, weil er seine Nahrung nicht mehr kochen und backen muss.

Das Leben des Rohköstlers steht somit für ein einfaches Leben im Einklang mit den göttlichen Gesetzen und ist damit geradezu prädestiniert für einen Menschen, der in Einfachheit, Wahrheit und Liebe zur Welt sein ganzes Leben leben möchte.

Zu guter Letzt möchte ich noch um ein wenig Toleranz gegenüber Menschen bitten, die (noch) eine andere Ernährungsform bevorzugen als dies bei Dir, lieber Leser, der Fall sein mag. Vor einigen Jahren traf ich mit mehreren Veganern und Vegetariern zusammen, wobei diese Vegetarier erklärtermaßen sehr aufgeschlossen waren, sich auf ein rein „veganes" Kochduell einzulassen. Zu meinem Entsetzen erlebte ich dann, dass der veganen Fraktion einige Vertreter angehörten, die mit allem Nachdruck den Standpunkt vertraten, dass doch nur die vegane Ernährungsweise die einzig richtige und damit die denkbar vollkommenste Ernährungsweise darstelle. Über diese Wahrheit ließe sich gar nicht mehr diskutieren.
Überflüssig zu erwähnen, dass auch den angedachten Kochabenden dann nichts mehr wurde, weil einige der Vegetarier – aus jeweils verschiedenen Gründen - doch tatsächlich nicht augenblicklich zu überzeugten Veganern konvertieren wollten.

Welche Überraschung: Ausgerechnet Veganer, die sich durchaus glücklich schätzen dürfen, wenn ihre Ernährungsweise von Nicht-Veganern angenommen wird, erwiesen sich als knallharte Fundamentalisten, die sogar gegenüber Vegetariern keinerlei Sympathie mehr entwickeln konnten.

Billige also bitte jedem Menschen das Recht zu seine Ernährung gemäß seinen Wünschen und seinen Einsichten gestalten zu dürfen, mögen seine Entscheidungen auch aus Deiner Sicht auf „Irrtümern" beruhen.

Ich kenne auch Vegetarier, die sich jahrelang nach der ayurvedischen Ernährungslehre ernährt haben, aber z.B. auf keinen Fall auf den guten Kaffee am Morgen verzichten wollen, auch wenn er für ihren Konstitutionstyp nicht empfehlenswert war.

„Das muss der Körper halt wegstecken können, zumal ich mich sonst sehr gesund ernähre.", lautete etwa das Fazit eines guten Freundes.

Da ich selbst nicht in einem vegetarischen Haushalt aufgewachsen bin, halte ich es für ausgeschlossen, dass ich schon in meiner Jugend eine rein rohköstliche Ernährung hätte praktizieren können, es sei denn vielleicht, dass mir damals schon ein Buch wie das oben genannte Buch von Prof. Probst in die Hände gefallen wäre. Denn wer will nicht gesund leben?

Ich habe die Empfehlungen des Friedensevangeliums – so wie jeden anderen Text auch, dessen Behauptungen ich überprüfen wollte – wörtlich genommen. Dabei habe ich erkannt, dass das genau die richtige Entscheidung war.

In diesem Sinne wünsche ich Euch allen ein Leben in Frieden und Gesundheit.

IV. Zu guter Letzt: Eine philosophische Anregung

Für den, dem das Zitat im Vorwort gefallen hat, noch eine weitere Anregung über die Grenzen von Wissenschaft und Philosophie:

„... und Jesus sagte: Meister von Athen, vor langer Zeit zogen Männer los, die in den Gesetzen der Natur weise waren, und entdeckten den Ort, auf dem eure Stadt heute steht...Oh, welche großen Meisterwerke der Philosophie, der Poesie, der Wissenschaft und der Kunst erblickten die Welt auf dem Boden Griechenlands und wurden zur Vollendung in der Wiege des reinen Denkens geschaukelt.

Ich bin nicht gekommen um über die Wissenschaft, über die Philosophie oder über die Kunst zu sprechen, denn darin seid Ihr die größten Meister der Welt. All diese großen Werke aber sind nur Stufen zu einer Welt jenseits der Sinne, sie sind illusorische Schatten, die auf der Wand der Zeit vorübergleiten. Ich möchte zu euch von einem anderen Leben berichten, das jenseits von dieser Welt und in Eurem Inneren liegt: vom wahren Leben, das niemals vergeht.

In der Wissenschaft und in der Philosophie liegt keine Kraft, die so gewaltig wäre, die Seele zur Erkenntnis ihres Selbst zu bringen oder gar mit Gott zu sprechen. Fern liegt es mir, den Fluss Eurer Gedanken aufzuhalten; ich möchte sie gleichwohl zur Richtung der Seele lenken.

Ohne den Odem Gottes tendiert der Intellekt dazu, nur jene Probleme, die man sehen kann zu beheben und nichts weiter. Die Sinne sind erschaffen worden, um dem Geist die Bilder vergänglicher Dinge zu vermitteln. Sie können die wahren Dinge nicht erfassen und begreifen nicht das Ewige Gesetz. Der Mensch besitzt in seiner Seele etwas, das den Schleier teilt, etwas das es ihm ermöglichst, in die Welt der wahren Dinge zu schauen. Man bezeichnet es als das geistige Bewusstsein, das in jeder Menschenseele schlummert und nicht eher erwacht, bis der Odem Gottes ein erwünschter Gast geworden ist. An jeder Seelentür klopft der heilige Odem, doch nur der starke Wille des Menschen vermag die Tür weit zu öffnen. Der Intellekt besitzt keine Kraft um den Schlüssel im Schloss umzudrehen. Philosophie und Wissenschaft haben sich bemüht hinter den Schleier zu schauen, doch sie sind gescheitert. Ein leichter Stoß kann diese angelehnte Tür zu himmlischen Gefilden aufgehen lassen und dieser Schubser ist nichts als die Reinheit (Anmerkung: eingeleitet durch 7-tägiges Fasten, in dem nur Wasser getrunken wird), das Gebet und die heiligen Gedanken. … Als Jesus so gesprochen hatte, trat er beiseite. Griechenlands Gelehrte waren erstaunt über die Weisheit seiner Worte und schwiegen." (Übersetzung aus dem Wassermann-Evangelium in: J.G.T. Joan, Das Geheimnis des wahren Evangeliums, Band II, Seite 402 ff.)

Über den Autor:

Der Autor hat seit sich seiner Jugend jahrzehntelang vegetarisch und dann jahrelang vegan ernährt, bevor er sich schließlich für eine rohköstliche Ernährung und das Experiment einer Fastenkur nach dem Modell des Friedensevangeliums der Essener entschieden hat.

Da er sich wünschte, dass er schon in seiner Kindheit über dieses Wissen verfügt hätte, hat er sich zu diesem Buch entschieden, damit möglichst viele Menschen dazu inspiriert werden über ihre Ernährung nachzudenken und herkömmliche Ernährungsgewohnheiten zu hinterfragen.

Zeitfracht Medien GmbH
Ferdinand-Jühlke-Straße 7
99095 Erfurt, Deutschland
produktsicherheit@kolibri360.de